新稿
洪烟眞訣精解

金于齋 編著

明文堂

序 文

이 册子는 東方에서 徐花潭과 李土亭兩先生으로부터 傳하여진 것인 바 奇門이라 하면 神奇 妙算法이 들어 있어 古代에는 奇門法으로 世上에서 모를 것이 없었고 못하는 일도 없었다 한다. 그러나 純漢文으로 되어 있어 解得難한 것을 그 동안 硏究한 結果 增할 것은 增補하고 削할 것은 削除하여 世上에 서슴지 않고 發表하게 된 것이다.

人生의 運命이란 이러니 저러니 世論이 많아도 奇門法이 斷然코 首位의 比重을 차지하리라 믿는다. 東洋 文獻에 이렇게 細密하게 나와 있는 것을 筆者自身도 感激한 나머지 現代版化를 뜻한 것이다. 後學者로서는 解得하기 어려운 古代書를 完全히 國漢文을 混用하여 記述하였으므로 누구라도 볼 수 있으며 터득할 수 있도록 한 것이다.

또한 本著는 그 어느 册子보다도 많은 模範書이기도 하며 그 內容이야 말로 興味 津津한 眞理의 寶庫라 하겠으니 江湖諸賢들은 愛讀 競究하시라.

丁未年　月　日

編著者　金 于 齋

推薦書

陰陽術書에는 오직 自己의 幸福보다 他人의 幸福을 爲하여 著述함이 原則이라 하겠다. 奇門法은 우리 現實社會에서 볼 수 없었던 것으로 보아 陰으로 陽으로 運勢論에 對하여 亦是 奇門이 奇妙한 術書라 하겠으며, 따라서 同門 金于齋 先生은 硏究함에 勞苦가 많은 줄 思慮하는바, 우리 東洋에는 흔히 없었던 奇門이니 江湖 諸賢 學師들은 奇門을 보시는데 有利할 것이며 人生觀의 解命을 擔當한 諸賢들에게 奇門이 絕對으로 必要하다고 生覺되는 바이며, 陰陽術 册子는 具備되어 있어야 할 줄 믿으며 그리해야만 될 것이다. 先生은 自己의 秘傳을 솔직히 公開 發表함을 眞心으로 歡迎하며 術士諸賢들에게 紹介하는 바이다.

奇門을 自解自得한 뒤에는 萬民平等으로 幸福을 가져올 것이며 보람을 느낄 수 있을 것이다.

丁未年　月　日

三空居士　曺　誠　佑

目 次

推薦書 ………………………… 三
序文 …………………………… 四

第一篇 神殺論

第一節 五行論

一、五行 旺相休囚死 …………………… 二一
二、養生法 ……………………………… 二三
三、五行相生相剋 ……………………… 二三
四、五行定數 …………………………… 二四
五、洪烟局 數理法則 ………………… 二七
六、地盤順布法 ………………………… 三三
七、生傷杜景死 驚開休의 八門 ……… 二七
八、八卦 生氣法 ……………………… 二三
九、上中下元局 찾는 法 ……………… 二四
十、招神接氣法 ………………………… 二六
十一、六儀 三奇의 付法例 …………… 二七
十二、九星定位 ………………………… 三三

十三、八星 付法 ………………… 三

第二節 諸 殺

一、劫殺 ………………… 三
二、六冲 ………………… 三
三、六合 ………………… 三
四、三刑 ………………… 三
五、怨嗔 ………………… 三
六、天乙貴人 ………………… 三
七、祿星 ………………… 三
八、驛馬 ………………… 三

九、旬空 ………………… 三
十、天職轉時法 ………………… 三
十一、八門配合 八卦變化法 ………………… 四
十二、八門 八卦門의 吉凶 ………………… 四
十三、門卦 吉凶論 ………………… 四
十四、三殺論 ………………… 四
十五、丙庚論 ………………… 四
十六、七九論 ………………… 四

第二篇 原理論

第一節 奇儀 干支論 ………………… 四

第三篇 運命論

第一節 洪局 天時雨晴賦

1、烟波天時論 ……………… 一二
2、洪局年事 ………………… 一六
3、商賣 ……………………… 一九
4、烟局物價評 ……………… 一〇四
5、軍帳幕賦 ………………… 一二四
6、太乙經 …………………… 一二三
7、九宮變數 ………………… 一二六
8、東國分野 ………………… 一三〇

1、烟局評 …………………… 四二
2、地遁 ……………………… 四六
3、門卦總論 ………………… 四七
4、卦論 ……………………… 四七
5、中宮論 …………………… 四七
6、六親論 …………………… 四九
7、五行性理論 ……………… 五〇
8、人品 ……………………… 五一
9、相心 七火的言 ………… 五二
10、洪局 布法 ……………… 五四
11、烟局布法 ……………… 五五
12、直符圖 ………………… 五七
13、上中下元 ……………… 五八
14、蘆沙先生 奇正鎭設局圖 … 五九

九、列邑推數 ……………………… 一四
十、趨吉論 ……………………… 一五
十一、二十四節神號 ……………… 一五一
十二、種穀 種樹論 ……………… 一五一
十三、守穀草 ……………………… 一五三
十四、六丁神將名號 ……………… 一五三
十五、八門神將符 ………………… 一五四
十六、九星의 所主 ……………… 一五六
十七、到任 ……………………… 一六一
十八、五音으로 來者의 姓을 알고 어
　　　디 사는지 아는 法 ………… 一六三
十九、五音論姓 ………………… 一六三
十八、疾病 ……………………… 一六六
十九、應試 ……………………… 一六九
二十、詞訟囚係章 ……………… 一七一
三十、失物 ……………………… 一七二

三十一、求財 …………………… 一七五
三十二、婚姻 …………………… 一七七
三十三、出行 …………………… 一七七
三十四、待人 …………………… 一七八
三十五、訪人 …………………… 一八一
三十六、開店 …………………… 一八三
三十七、四柱設局法 …………… 一八四
三十八、己身論 ………………… 一八六
三十九、流年大運 ……………… 一九一
四十、壽夭論 …………………… 一九四
四十一、壽限論 ………………… 一九七
四十二、人品 …………………… 一九八
四十三、考終 …………………… 一九九
四十四、會厄 …………………… 二〇〇
四十五、流年小運 ……………… 二〇一
四十六、應期從直月一理須明萬解 … 二〇五

附錄

第一節 四柱設局法 .... 二六二

四七、父母論 .... 二〇七
四八、兄弟論 .... 二一一
四九、妻財論 .... 二一三
五十、烟局人命論 .... 二一四
五一、己身 .... 二一九
五二、父母 .... 二二〇
五三、兄弟 .... 二二二
五四、妻財 .... 二二三
五五、子孫 .... 二二三
五六、官星 .... 二二五
五七、壽夭의 應期 .... 二二七

五八、行年 .... 二二八
五九、應期 .... 二三五
六十、家運推法 .... 二三九
六一、各命의 經驗 .... 二四〇
六二、人命流年 .... 二五六
六三、官職 .... 二六一
六四、子孫 .... 二六三
六五、財 .... 二六四
六六、子孫 .... 二六九
六七、官星 .... 二七五
六八、人生의 壽夭歌 .... 二七九

一、解說法 …………………………………… 二六五

二、行年設局法 ……………………………… 二六九

三、行年吉凶論 ………………………………

四、經驗論 …………………………………… 二九二

第一篇 神殺論

第一節 五行論

　五行은 春夏秋冬의 四時氣候를 가리킴이라 한다. 即 五行이 氣候의 代名詞라 하겠다. 이 五行은 合하면 陰陽이요 分析하면 五行이라 하겠으니 이렇게 말하나 저렇게 말하나 다 같은 뜻이다. 그리하여 一年 四時를 가리킴이요 또는 寒暖燥濕을 가리킴이다. 이 氣運의 變化作用에 依하여 아래와 같은 作用이 오게 된다.

一、 五行 旺相休囚死

　春에 木이 旺하여지면 火가 盛하게 되니 水는 줄어지고 金은 간히어지고 土는 死하게 된다.
　夏에 火가 旺하여지면 土는 盛하여지고 木은 힘이 없어지고 水는 간히어지며 金은 死하게 된다.
　秋에 金이 旺하여지면 水가 盛하여지고 土가 힘이 없게 되며 火는 간히어지고 木은 死하게 된다.

多에 水가 旺하여지면 木은 盛하여지고 金은 힘이 없어지며 土는 갇히어지고 火는 死하게 된다.

春 木旺	火相	水休	金囚	土死
夏 火旺	土相	木休	水囚	金死
秋 金旺	水相	土休	火囚	木死
多 水旺	木相	金休	土囚	火死

二、養生法

宇宙萬物 生長死滅의 原理가 다 이 法에 包含되어 있다. 그 要素는 子 丑 寅 卯 辰 巳 午 未 申 酉 戌 亥인 十二地支 運行에 있고 이에 隨伴하여 胞 胎 養 生 浴 帶 冠 旺 衰 病 死 葬 等의 造化가 있어 榮枯得失이 發生하는 것이라 하겠다.

胞는 絶處에 逢生이라 하니 萬物이 歸藏되었다가 다시 精氣를 모이는 時期이고 胎는 母體 內에서 成形되는 時期이며 生은 萬物이 蘇生하는 時期이며 浴은 生後 이 世上에 나타나 活動하다가 苦盃를 마셔보는 時期이며 帶冠은 사람이 長年이 되면 띠를 띠고 冠을 쓰고 出入하며 活動하고 旺은 活動力이 最高度로 旺盛하는 時期라 한다. 이때를 지내면 衰하여지고 衰하여지면 病들고 病들면 死亡하고 死亡하면 墓에 장사 지낸다. 結論은 이 理致를 말함이다.

陽局順數

一 水六	火二五 土七十	三 木八	四 金九	養 生法
巳二	亥六	申九	寅三	胞
午七	子一	酉四	卯八	胎
未十	丑十	戌五	辰五	養
申九	寅三	亥六	巳二	生
酉四	卯八	子一	午七	浴
戌五	辰五	丑十	未十	帶
亥六	巳二	寅三	申九	冠
子一	午七	卯八	酉四	旺
丑十	未十	辰五	戌五	衰
寅三	申九	巳二	亥六	病
卯八	酉四	午七	子一	死
辰五	戌五	未十	丑十	葬

陰局養生法 下와 如함

金絶於 卯 木絶於 酉 火土絶於 子 水絶於 午 逆數한다.

三、五行 相生 相剋

宇宙萬物이 相生되면 좋고 相剋되면 凶하니 旺相休囚死法이나 養生法이 바로 이것을 말한 것이다. 下를 參考하라.

木生火 火生土 土生金 金生水 水生木하니 相生이라 한다.

金剋木 木剋土 土剋水 水剋火 火剋金하니 相剋이라 한다.

五行에도 數字가 있다. 下를 보라.

水 一、六 木 三、八 金 四、九 火 二、七 土 五、十이라 한다.

奇數 隅數가 있으니 下를 보라.

一 三 五 七 九 陽奇
二 四 六 八 十 陰隅

四、五行定數

水一 火二 木三 金四 土五라 하는 데에 陽土는 水에 屬하니 或 一이라 하기도 한다. 그리고 陰土는 火에 屬하니 或 二라 하기도 한다.

兄弟 子孫數를 이로 미루어 보나 乘旺居旺되면 吉하고 克洩刑冲孤虛空亡되면 孤獨하니 參論하여야 한다.

五、洪烟局數理法則

天干은 甲字에서 처음으로 數字가 일어나고 地支는 子字에서 처음으로 數字가 일어나니 順

序로 行하게 되었다. 그러므로 六甲이 數字요 數字가 即 六甲이라 하겠다.

天干 및 五行數字의 順序

甲木 一 乙木 二 丙火 三 丁火 四 戊土 五 己土 六 庚金 七 辛金 八 壬水 九 癸水 十

地支 및 五行數字의 順序

子水 一 丑土 二 寅木 三 卯木 四 辰土 五 巳火 六 午火 七 未土 八 申金 九 酉金 十 戌土 十一 亥水 十二

天地의 定位 및 數字

天地에 八方이 있으니 乾坎艮震巽离坤兌라 한다. 乾은 西北方을 가리키니 數字는 六數에 該當하고 五行으로는 金에 該當하며 節氣로는 九十月이라 한다.

坎은 正北方을 가리키니 數字는 一數에 該當하고 五行으로는 水에 該當하며 節氣로는 十一月이라 한다.

艮은 東北方을 가리키니 數字는 八數에 該當하고 五行으로는 土에 該當하며 節氣로는 十二과 一月이라 한다.

震은 正東方을 가리키니 數字로는 三數에 該當하고 五行으로는 木에 該當하고 節氣로는 二月이라 한다.

巽은 東南方을 가리키니 數字는 四數에 該當하고 五行으로는 木에 該當하며 節氣로는 三月

과 四月이라 한다.

离은 正南方을 가리키니 數字는 九數에 該當하고 五行으로는 火에 該當하며 節氣로는 五月이라 한다.

坤은 西南方을 가리키니 數字는 二에 該當하고 五行으로는 土에 該當하며 節氣로는 六、七月이라 한다.

兌는 正西方을 가리키니 數字는 七數에 該當하고 五行으로는 金에 該當하며 節氣는 八月이라 한다.

五는 中奇에 土로 되어 天地八方을 補助役割한다.

一坎 二坤 三震 四巽 五中 六乾 七兌 八艮이니 萬年不變의 固定數라 한다. 設計의 法이 地盤부터 始作하여 順布하고 天盤은 逆布한다. 陰陽局을 不論하고 下와 如하다.

六、地盤順布法

地盤의 定位

二 七 六
九 五 一
四 三 八

一坎 二坤 三震 四巽 五中 六乾 七兌 八艮 九离하니 天地의 定位數라 한다.

위와 같이 天地盤의 順布 逆布를 例로 表示하였으나 未詳하거든 下의 例를 보다.

地盤은 順布하고 天盤은 逆布하니 陰陽遁이 다 一般이다. 그리고 五가 中宮에 있으면 坎에서 一數를 일으키는 例도 있다. 언제나 中宮에서 坎으로 나오는 것이 定例라 한다.

可令 戊午九月十日巳時生이라면 四柱를 子平式으로 布局하여 天盤地盤數의 順逆을 表示함.

天盤 合數가 二十一數니 九九除之하면 餘數가 三이요 地盤 合數가 三十一數니 九九除之하면 餘數가 四라 한다.

三數가 中宮天盤數요 四數가 中宮地盤數가 되니 布局하면 下와 如함이라.

5 戊午 7	9 壬戌 11	1 甲午 7	6 己巳 6

一 六 七
四 三 三 十
九 八 十 七
   七 二 五
      五 一

(三四)

아래는 八方數字밑에 各神殺이 所要된다.

七、生傷杜景死驚開休의 八門

生門土는 生氣라는 뜻이니 이 별이 붙는 곳에 좋은 일이 많다 한다. 그러모로 可令 官星에 붙으면 官運이 大通하고 財에 붙으면 財數가 大通하고 父母 兄弟 妻 子宮에 붙으면 붙는 곳마다 吉한 것을 意味한다. 下에 他門의 吉凶도 이와 같으니 吉星이면 吉하고 凶星이면 凶하니 이로써 推知할 것으로 미루고 以下는 略함이다.

傷門木은 傷한 뜻이니 붙는 곳마다 凶하다.
杜門木은 글자 그대로 막히는 뜻이니 凶하다.
景門火는 吉慶이 있으니 붙는 곳마다 吉하다.
死門土는 글자 그대로 死亡의 뜻이니 凶하다.
驚門金은 글자 그대로 놀라는 뜻이니 凶하다.
開門金은 開運하는 뜻이니 다 吉하다 한다.
休門水는 半凶半吉의 뜻이니 크게 害는 없다 한다.

이 門을 돌려 붙이는 法이 있으니 五子元法에 依함이라 한다.

그런데 陽遁은 (冬至日로부터 夏至前日까지를 말한다.)
陰遁은 (夏至日로부터 冬至前日까지를 말한다.)

陰遁陽遁을 莫論하고 日辰을 八艮宮에서 이르키니 陽遁은 艮宮에서 七兌方을 거쳐 다음 四巽方으로 가고 그 다음 九離로 가며 그 다음 一坎宮으로 가고 그 다음 六乾宮으로 해서 다음 三震宮으로 그 다음 二坤宮으로 간다. 이것은 天地의 定位인 生門法을 가리킴이나 設局하는데에는 自己의 生年月日辰 닿는 宮에서 生門이 붙게 되므로 下를 參考하라. 陰遁은 艮宮에서 坤

18

宮을 거쳐 震宮으로 가고 이곳에서 巽宮으로 가고 이곳에서 五子元法으로 甲子 戊子 壬子는 艮에서 일어나게 되고 庚子 丙子는 坎宮에

이곳에서 乾宮으로 가고 이곳에서 坎宮으로 가고 이곳에서 离宮으로 가고 이곳에서 兌宮으로 나간다. 언제나 陰陽遁이 各宮마다 日辰이

서 일어나게 된다. 左記圖表를 보라.

陽遁 日辰三日式留法 (冬至後用)

巽	离	坤
乙酉	己酉	
丙戌	丁亥	
庚戌	辛亥	
壬申 辛未 庚午	癸亥 甲戌 乙酉	乙亥 丙子 丁丑
丙申 乙未 甲午	戊戌 己亥 庚子	戊寅 己卯 庚辰
庚申 己未 戊午	壬子 癸丑 甲寅	辛巳 壬午 癸未

震		兌
甲申 癸未 壬午		丁卯 戊辰 己巳
戊申 丁未 丙午		辛卯 壬辰 癸巳
		乙卯 丙辰 丁巳

艮	坎	乾
丙寅 乙丑 甲子	戊子 丁丑 丙寅	己卯 庚辰 辛巳
庚寅 己丑 戊子	壬辰 辛卯 庚寅	癸卯 甲辰 乙巳
甲寅 癸丑 壬子		

「그림 줄만 向하여 가니 艮에서 甲子乙丑丙寅 三日을 지내고 다음 兌宮으로 가 丁卯戊辰 己巳三日을 留하고 그 다음으로 가니 自己의 生日日辰이 어느 宮에 있는가 보아 이곳에서 生을 붙여 그 다음 傷으로 간다.」

陰遁 日辰三日式留法(夏至後用)

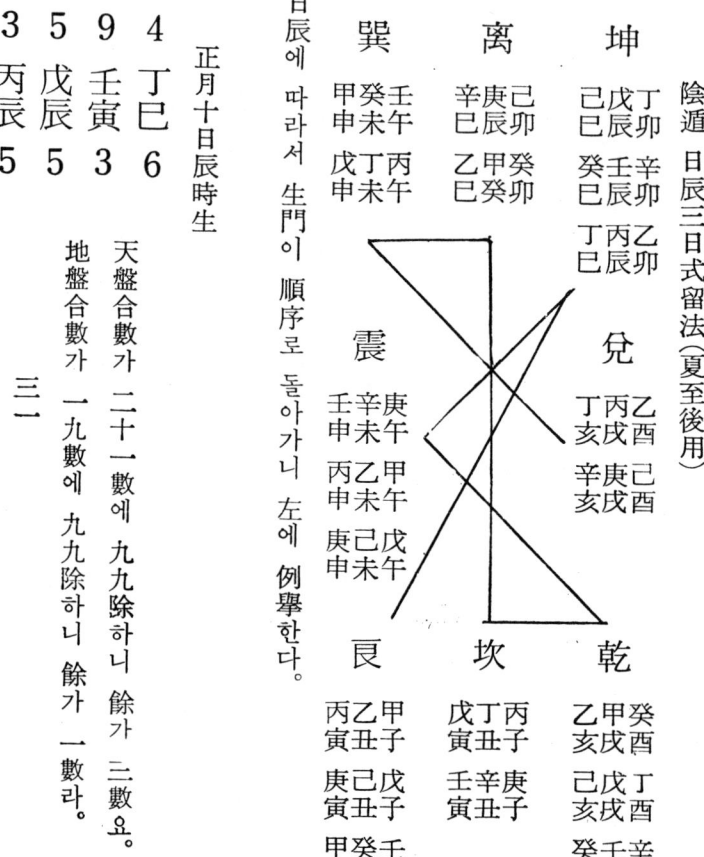

日辰에 따라서 生門이 順序로 돌아가니 左에 例擧한다.

正月十日辰時生

丁巳
戊辰
壬寅
丙辰

4 6
9 5 3
5 5

3
5 9
丙辰 5

天盤合數가 二十一數에 九九除하니 餘가 三數요.

地盤合數가 一九數에 九九除하니 餘가 一數라.

三一

生門順序 生傷杜景死驚開休

陽遁局

一三開 六八生 七八死
四十杜 三一 二三景
九五傷 十四驚 五九休

[一生門土 傷門木 杜門木 景門火 死門土 驚門金 開門金 休門水 五行에 屬함을 表示함]

九月十日己時生

5	9	1	6
戊	壬	甲	己
午	戌	午	巳
7	11	7	6

天盤合數가 二十一數에 九九除하니 餘가 三이오.
地盤合數가 三十一數에 九九除하니 餘가 四라.
中宮 三四

이 四柱에 日辰이 戊辰日이니 甲子旬中에 들어 있다. 艮宮에서 甲子를 일으키니 이곳 艮宮에서 甲子乙丑丙寅 三日을 留하고 다음 兌宮으로 가니 이곳 兌宮에 丁卯戊辰己巳 三日을 留한다. 그러므로 戊辰日柱가 兌宮에 있으니 이곳 兌宮에 生門이 붙고 그 다음 巽宮에 傷門 離宮에 杜門 坎宮에 景門 乾宮에 死門 震宮에 驚門 坤宮에 開門 艮宮에 休門이 該當된다. 이로써 미루어 다른 局도 推知하라.

陰遁局

一六休 六一驚 七十傷
四三景 三四 二五杜
九八死 十七生 五二開

이 위는 陽遁이요 이 四柱는 陰遁이니 甲午日柱가 戊子旬中에 있으므로 艮宮에서 戊子를 일으키고 戊子己丑庚寅 三日을 留하고 坤宮으로 移去하니 坤宮에서 辛卯壬辰癸巳 三日을 留하고 震宮으로 移去하니 震宮에서 甲午乙未丙申 三日을 留한다. 甲午가 震宮에 있으니 이곳 震宮에서 生門을 일으켜 乾宮에 傷門 坎宮에 杜門 離宮에 景門 巽宮에 死門 兌宮에 驚門 艮宮에 開門 坤宮에 休門이라 한다. 이로써 미루어 다른 局도 推知한다.

八、八卦生氣法

一上生氣 二中天宜 三下絶體 四中游魂 五上禍害 六中福德 七下絶命 八中歸魂이라 한다. 中宮에다. 八卦의 變化가 生하니 中宮地盤數는 變化의 宗이라 하겠다. 變化되는 것은 陰陽遁의 區分이 없다. 그러나 中宮數가 五에 該當되어 있으면 어느 卦에 屬하지 아니하였으므로 巽下絶卦로 보게 된다. 그러므로 四五의 巽卦가 同宮으로 看做한다. 下에 早見表를 보라.

中宮\八卦	一坎	二坤	三震	四五	六乾	七兌	八艮	九离
生氣	巽	艮	離	乾	震	兌	坤	坎
天宜	艮	巽	乾	離	兌	震	坎	坤
絕體	離	乾	巽	艮	坎	坤	震	兌
遊魂	乾	離	艮	巽	坤	坎	兌	震
禍害	兌	震	坤	坎	巽	艮	離	乾
福德	震	兌	坎	坤	離	乾	巽	艮
絕命	坤	坎	兌	震	艮	離	乾	巽
歸魂	坎	坤	震	兌	乾	巽	艮	離

付法例

戊午
壬戌 三四
甲午
己巳

中宮四가 되므로 巽에서 始作되니 위의 그림난 巽宮四行을 옆으로 보라.

坤 一六天宜
兌 六一游魂
乾 七十禍害
离 四三福德
　 三四
　 中宮
坎 二五生氣
　 五二絕命
巽 九八
　 歸魂
震 十七
艮 絕體

陰遁陽遁局을 勿論하고 早見表를 보아 부쳐 나가라.

貪狼 生門 生氣라 하는 뜻은 生門土가 되고 萬事가 順成하며 모든 厄이 自消된다.

奇門 開門 巨門 天醫라 하는 뜻은 하나님이 도와 주므로 모든 厄은 물러가고 좋은 일만 오

疑門 驚門 祿存門 絶體라 하는 뜻은 半凶 半吉의 運이라 하니 平平하다 하겠다.

遁門 杜門 游魂이라는 뜻은 變動하는 것이니 出入하거나 移舍變業하는 意味라 한다.

傷門 戒門 禍害라 하는 뜻은 災殃이 오고 失物數가 있으며 每事에 不吉하다.

景門 福德이라는 뜻은 財帛의 運이 좋고 慶事가 入門하니 萬事가 亨通한다.

破軍 死門 絶命이라는 뜻은 大厄이 오고 死亡하기 쉬우니 諸事가 不成한다.

伏吟 休門 歸魂이라는 뜻은 숨는다는 意味니 發展이 없고 큰 해도 없는 平運이라 한다.

이 위의 八卦生氣法은 奇門設局에서 必要하고 이 外의 年齡으로 計算하여 婚姻擇日 移舍等에 用하는 生氣法은 金于齋 編著의 千歲曆을 參考하라.

九、 上中下 元局 찾는 法

可令 立春節은 上元이 一局에 該當되니 坎宮에서 甲子戌을 일으켜 陽局은 順去하고 陰局은 逆去한다. 그 다음 二三四五六七八九局을 이러한 法으로 通用하고 上中元下의 表示는 下에 例擧하였으니 무슨 節候든 上元인가 中元인가 下元인가를 보아 局을 찾으라.

三元法

三元은 上中下元을 가리킨다. 下에 例擧함

甲己子午卯 四極

上元

甲子 甲午 己卯 (이 四日이 上元으로 始作되는 날이다)
乙丑 乙未 庚辰 上元甲子부터 下元戊寅日까지
丙寅 丙申 辛巳 十五日인 一節이 그치고 上元甲午日부터 下元戊申日까지
丁卯 丁酉 壬午 十五日인 一節이 그치고 上元己卯日부터 下元癸巳까지 그치고
戊辰 戊戌 癸未 上元己酉日부터 下元癸亥日까지 그치고 다시 甲子日부터 上元을
　　　　 癸丑 計算하니 循環不絶한다 하겠다.

中元

甲己寅申巳亥 四長生
己巳 己亥 甲申 甲寅 (이 四日이 中元으로 始作되는 날이다.)
庚午 庚子 乙酉 乙卯
辛未 辛丑 丙戌 丙辰
壬申 壬寅 丁亥 丁巳
癸酉 癸卯 戊子 戊午

下 元

甲巳辰戌丑未 四庫

甲戌 甲辰 己丑 巳未 (이 四日이 下元으로 始作되는 날이다)
乙亥 乙巳 庚寅 庚申
丙子 丙午 辛卯 辛酉
丁丑 丁未 壬辰 壬戌
戊寅 戊申 癸巳 癸亥

以上은 上元에 五日 中元에 五日 下元에 五日하니 合十五日이 되어 一節이라 한다.

十、招神接氣法

招神接氣는 무슨 이유로 있는가? 節候入하는 날로부터 上元이 甲子日로 되면 論議할 필요가 없으나 或節候를 지내서 들기도 하고 미처 節候가 當到하기 前에 드는 수가 있으니 이것을 밝힘이라 하겠다. 節을 앞서 들면 招神이라 하고 節을 지내 들어오면 接氣라 한다. 이것은 一年이 二十四節候인바 어찌하여 차이가 나는 것인가 하겠으나 이것은 閏月이 있는 까닭이라 한다. 다음으로 超하고 接하는 것이 限度가 있게 되어 있다. 超는 十日 以上이 되지 않고 接은 五日 以上이 없게 된다. 이러한 差異가 나는 것은 閏月이 있으므로 閏局이 생기게 된다. 이 閏局은 언제나 年에 따라 芒種節이나 大雪節에 있게 된다. 閏局이 되는 해는 一年에 二十五局이 된다 함이다. 尋局하는 것은 下에 圖表를 보라.

但 芒種大雪間에 招神이 九日以上이면 閏局을 두어야 한다. 其他는 不然하다.

節에 上數가 上元에 該當하고 中數가 中元에 該當하고 下數가 下元에 該當한다.

九星 및 生死門의 이 그림은 天地의 定位를 論함이니 各者의 運命에 비추어 設局하면 變化가 되므로 位置가 바뀌어 진다.

十一、六儀와 三奇의 付法例

戊午九月十日巳時生

壬戌　　　　　　陰遁局

甲午　三四

己巳　　　霜降　五局

坤一六　兌六一　乾七十
離四三　中三四　坎二五
巽九八　震十七　艮五二

坎이 一局 坤이 二局 震이 三局 巽이 四局 中이 五局 乾이 六局 兌가 七局 艮이 八局 离가 九局이니 局에 따라 六儀을 일으킨다.

이 八字는 九月霜降節 十日甲午上元局에서 出生되므로 甲子戊가 五局 中宮에서 始作하여 陰遁이므로 逆去하니 甲子戊가 中宮에서 巽에 已 震에 庚坤에 辛 坎에 壬 离에 癸 艮에 丁 兌에 丙 乾에 乙로 끝을 지으니 甲은 遁藏되어 戊로 變化한다.

언제나 節候의 上中下元에 依하여 始作되니 可令 一局이면 坎에서 甲子戊을 일으키어 陽遁은 順去하고 陰遁은 逆去한다.

戊己庚辛壬癸가 그치면 이것이 六儀가 되므로 六儀라 하고 그 다음 丁丙乙은 三奇가 되므로 六儀 그친 後에 陰陽遁을 勿論하고 丁丙乙이 붙게된다. 그러므로 처음부터가 六儀와 三奇가 地盤이 되고 再次 天盤六儀와 三奇가 또 붙게되니 이것은 時干으로 爲主한다. 다음으로 時干己 가 甲子旬中에 있으니 甲子戊旬將地盤을 時干己字 上에 加하여 順回하니 下에 例擧한다.

28

戊午九月日巳十日巳旺生

壬 甲午 三四　霜降 五局
己 巳

陰遁

　　　　坤一六
　　離四三　乙戊
巽八　丙癸　　壬丙　兌六一
戊己　三四　乾七十　辛
　　震十七　　　　　丁乙
　　癸庚
　　　艮五二
　　　己丁

陽遁은 順去하나 이 局은 陰遁이므로 逆數하였으니 陰遁의 경위를 잘 살피라.

下는 地盤六儀三奇요 上은 天盤六儀三奇라 한다.

天盤은 陰陽遁을 不論하고 順回한다.

己巳時가 甲子旬中에 있으므로 甲子戊符頭가 時上己字上으로 移去한다.

이 八字는 時干己字가 巽에 있으므로 坤上戊字를 巽宮己字上에 옮기고 그다음 离宮癸字가 震宮庚字上으로 가 順回하되 한칸式 건너간다. 或 다른 局은 二間式 건너가기도 하고 세칸 건너가는 수도 있다. 四間을 건너가면 反吟이 되니 이편으로 돌아가나 저편으로 돌아가나 서로 相冲을 逢하니 反吟이라 한다. 그리고 伏吟局은 可令 戊字가 또 時干上의 戊字을 보게 되니 바로 제자리에 붙는 것을 伏吟이라 한다.

29

反吟은 百事가 破敗되고 災難이 많으며 一生이 不幸하다. (反吟은 甲庚乙辛의 類라 한다)
伏吟은 作事가 無成하고 多成多敗하니 不幸하다 하겠다. (伏吟은 甲甲乙乙의 類라 한다)

十二、九星 定位

一坎宮에 天蓬 八艮宮에 天任 三震宮에 天冲 四巽宮에 天甫 五宮에 天禽 九离宮에 天英 二坤宮에 天芮 七兌宮에 天柱 六乾宮에 天心

蓬水 任土 冲木 甫木 英火 芮土 柱金 心金 禽土

時干 六儀符頭에서 始作하여 陰陽遁을 莫論하고 順去한다. 그러나 天干 六儀付法과 同一하다. 下에 例擧한다.

戊午
壬戌   九月 十日 巳時生
甲午 三   霜降 五局
己巳 四

一六巳蓬　六一任　壬丙一任　丁乙　七十冲
辛戊巳蓬

四三丙癸心　三四戊　二五庚壬甫

九八柱戊己　癸庚芮十七芮　己丁五二英

天盤六儀 및 三奇付法은 時干己巳가 甲子句中에 있으므로 戊字를 時干己上에 移去하니 그 다음 順去한다. 蓬任冲甫英芮柱心禽의 付去法이 天地盤六儀付法과 如하니 時間符頭밑에서 시작한다.

五局에서 甲子戊가 일어나므로 中宮에 있고 戊字가 坤上으로 出하니 時間符頭인 戊字밑에 蓬星이 붙기始作하여 順回한다. 이곳에서 順去하니 위의 布局된 것을 보라.

十三、八星付法

陽遁　一、直符　二、騰巳　三、太陰　四、六合　五、句陳　六、朱崔　七、九地　八、九天

이 별을 붙이는 法이 九星 붙이는 法과 同一하니 局上에 있는 時間符頭 아래에서 直符를 붙여 順逆하니 下에 例擧한다.

陰遁　一、直符　二、騰巳　三、太陰　四、六合　五、白虎　六、玄武　七、九地　八、九天

戊午九月十日巳時生

壬　甲午　　　霜降五局
戊　　三四
巳
巳

一六　乙辛戊直符
壬丙　六一九天
丁乙　七十九地
庚壬　二五玄武
己丁　五二白虎
戊己　九八太陰
癸庚　十七六合
丙癸騰巳　四三
戊　　　三四

붙이기 始作하여 陽順陰逆 한다.

五局에서 甲子戊가 일어나므로 戊字가 坤上으로 出하고 戊字가 逆回한다. 甲子旬中에 己巳時가 들어있으니 戊字를 붙이기 始作하여 陰局이므로 直符를 붙이기 始作한다. 그러므로 直符를 移加於時干符頭라 한다. 時干符頭밑에 直符를 干符頭上이라 하였으니 時干符頭밑에 直符를

32

第二節 諸 殺

一、劫 殺

寅午戌歲月日生이 火에 屬하니 火는 亥에 絶한다. 그러므로 何局의 上에서든지 地盤六(亥)字를 보면 劫殺이 된다. 그리고 亥는 火의 官方인 故로 그러함이요, 地盤二(巳)字는 亥水를 冲하므로 官劫이라 한다. 다음 天地定位로는 乾方이 六에 該當하고 또는 戌亥가 되므로 火의 絶方이며 庫墓方이 되니 만일 六(亥)字가 乾上에 있어서 劫殺이 되는 經緯는 二重으로 受劫하니 大凶하고 官劫도 亦是 大凶하다. 以外에 亥卯未歲月生이나 巳酉丑歲月生이 위와 同一한 理致이니 이로써 推知하라.

申子辰歲月生人은 水土에 屬하니 水土가 巳에 絶한다. 그러므로 地盤何局에든지 二(巳)字만 있으면 劫殺이라 한다. 또는 地盤에 六(亥)字가 官劫이 된다.

巳酉丑歲月生人이 金에 屬되니 金이 寅에 絶한다. 그러므로 地盤何局에든지 三(寅)字만 보면 劫殺이라 한다. 또는 地盤의 九(申)字가 官劫이 된다. 그리고 寅卯辰을 三殺方이라 한다.

33

亥卯未歲月生人이 木에 屬하니 木이 申에 絶된다. 그러므로 地盤何局에든지 九(申)字를 보면 劫殺이라 한다. 또는 地盤에 三(寅)字가 官劫이 된다.

그리고 申酉戌方을 三殺이라 한다. 그러므로 歲에 該當되면 歲劫이 되고 日에 該當되면 日劫이라 한다. 그 外에 天盤地盤의 自劫도 있게 된다.

可令 例를 들면 天盤에 一字요 地盤에 二字가 되면 水絶於 巳하는 뜻이라 한다.

寅午戌 火絶於亥 亥卯未 木絶於申 申子辰 水土絶於巳 巳酉丑 金絶於寅하니 劫殺의 冲되는 數字를 官劫이라 한다.

劫殺은 每事가 遲延되며 礙勢가 있다. 官劫은 官災 訟事 破財 身厄 等의 不詳事가 있다.

二重受劫은 百事가 破敗되고 每事가 不成한다.

歲日生人				劫殺
亥卯未	己酉丑	申子辰	寅午戌	
申九	寅三	巳二	亥六	

				官劫
寅三	申九	亥六	巳二	

				二重劫殺
宮坤上	宮艮上	宮巽上	宮乾上	
申九	寅三	巳二	亥六	

				三殺方
申酉戌	寅卯辰	巳午未	亥子丑	

二、六 冲

冲이라 하는 것은 相互가 破損되는 것이니 可슴 忌神으로 되었을 經緯에는 冲되면 도리어 吉하고 喜神이 될 經緯에 破損되면 凶하게 되니 通變의 道를 잘 써야 됨이라 하겠다. 그러하오니 日辰宮 天盤地盤上下가 相冲되면 家業이 難成되며 또는 所到되는 宮에도 不吉하다 한다.

一七(子午)相冲　四八(卯酉)相冲　三九(寅申)相冲
二六(巳亥)相冲　五五(辰戌)相冲　十十(丑未)相冲

三、六 合

合이라 하는 것은 相合을 意味하니 合하여서 喜함이 있고 合하여 忌合이 있으니 動向을 잘 살피어야 한다. 喜神이 될 經緯에 合하면 凶하다.

一十(子丑)이 合이요　三六(寅亥)가 合이요　八五(卯戌)이 合이요　五四(辰酉)가 合이요
二九(巳申)이 合이요　七十(午未)가 合이 된다.

四、三 刑

三刑도 作用이 相冲과 거의 비슷한 것이니 相互 害치는 意味라 한다. 中宮이나 歲支에나

一十、三六、八五、五四、二九、七十

日辰에 있으면 動된 것으로 看做하니 大禍가 오며 刑厄數도 있게 된다. 其他 所到되는 宮은 不吉하다 하겠다. 動이라는 뜻은 中宮 歲支 月支 日支 時支에 있는 것을 말함이다.

一八(子卯) 相刑   三二(寅巳) 相刑   二九(巳申) 相刑   九三(寅申) 相刑   十(丑未) 相刑
十五(丑戌) 相刑   五五(辰辰) 相刑   七七(午午) 相刑   四四(酉酉) 相刑   六六(亥亥) 相刑

五、怨嗔

鼠忌羊頭角 (쥐는 염소머리에 뿔난 것을 싫어한다)
牛嗔馬不耕 (소는 말이 밭을 갈지 못함을 싫어한다)
虎憎鷄觜短 (호랑이는 닭의 입이 짧다고 미워한다)
巳驚犬吠聲 (배암은 개 짖는 소리에 놀란다)
龍嫌猪面黑 (용은 도야지 낯이 검은 것을 싫어한다)
兎怨猴不平 (토끼는 원숭이의 不平함을 원망한다)

日辰의 天盤 地盤 上下가 怨嗔이 되면 시기심이 많고 怨恨이 많으므로 모든 일에 障害가 있으니 所到宮에 이러한 作用이 있다.

一十(子未) 怨嗔   十七(丑午) 怨嗔   三四(寅酉) 怨嗔   二五(巳戌) 怨嗔   五六(辰亥) 怨嗔
八九(卯申) 怨嗔

六、天乙貴人

天乙貴人이라 하는 것은 貴人이 常時 도와준다. 그리고 벼슬도 하며 모든 일이 順調롭게 되고 모든 災殃을 消滅하여 주는 作用을 함이다. 그러므로 局內의 所到宮에 吉事가 重重하다.

甲戊庚日生人이 十十(丑未)字를 보면 貴人이요 乙己日生人이 一九(子申)字를 보면 貴人이 되고 丙丁生人이 六四(亥酉)字를 보면 貴人이 되고 辛日生人이 七三(午寅)字를 보면 貴人이 되고 壬癸日生人이 二八(巳卯)字를 보면 貴人이 됨이라 한다.

甲戊庚、十十、乙己、一九、丙丁、六四、辛、三七、壬癸、二八

七、祿 星

祿星은 官祿을 意味하고 또는 衣食을 가리킴이라 한다. 이 祿星을 人命이 만나면 諸事가 亨通하고 諸厄이 自滅된다. 甲日生人의 祿은 三(寅)字에 있고 乙日生人의 祿은 八(卯)字에 있고 丙戊日生人의 祿은 二巳字에 있고 丁己生人의 祿은 七(午)字에 있고 庚日生人의 祿은 九(申)字에 있고 辛日生人의 祿은 四(酉)字에 있고 壬日生人의 祿은 六(亥)字에 있고 癸日生人의 祿은 一(子)字에 있다.

甲祿三、乙祿八、丙戊祿二、丁己祿午、庚祿九、辛祿四、壬祿六、癸祿一.

八、驛馬

驛馬라 하는 것은 글자 그대로 驛馬니 馬는 달아나기를 좋아하는 性質이 있다. 그러므로 人命이 이를 得하면 잘 돌아다니게 된다. 그리고 外國도 갈 수 있고 國內도 많이 다니게 되며 移舍도 잘 한다는 뜻이다. 寅午戌年 生人이 九(申)字를 보면 驛馬가 되고 申子辰年 生人이 三(寅)을 보면 驛馬가 되고 巳酉丑年 生人이 六(亥)字를 보면 驛馬가 되고 亥卯未年 生人이 二(巳)字를 보면 驛馬가 된다.

寅午戌 九申、申子辰 三寅、巳酉丑 六亥、亥卯未 二巳.

九、旬空

旬空이라는 뜻은 六十甲子에 甲子부터 乙丑 丙寅 丁卯 戊辰 己巳 庚午 辛未 壬申 癸酉까지 計算하면 十日이니 이 이름을 旬이라 하고 또는 天干이 十字요 地支가 十二字가 되므로 二字가 남게 되니 이 두 글자는 主人이 없으므로 旬空이라 한다. 그러면 甲戌乙亥에 該當되니 甲子旬中에 戌亥가 空이라 한다. 그러므로 甲戌旬中에는 申酉가 空亡이 된다. 이로써 六十甲子를 推理하라.

甲子旬中에 乙丑 丙寅 丁卯 戊辰 己巳 庚午 辛未 壬申 癸酉하니 甲戌 乙亥가 旬空이요

甲戌旬中에 乙亥 丙子 丁丑 戊寅 己卯 庚辰 辛巳 壬午 癸未 甲申 乙酉가 旬空이요.
甲申旬中에 乙酉 丙戌 丁亥 戊子 己丑 庚寅 辛卯 壬辰 癸巳 甲午 乙未가 旬空이요.
甲午旬中에 乙未 丙申 丁酉 戊戌 己亥 庚子 辛丑 壬寅 癸卯 甲辰 乙巳가 旬空이요.
甲辰旬中에 乙巳 丙午 丁未 戊申 己酉 庚戌 辛亥 壬子 癸丑하니 甲寅 乙卯가 旬空이요.
甲寅旬中에 乙卯 丙辰 丁巳 戊午 己未 庚申 辛酉 壬戌 癸亥하니 甲子 乙丑이 旬空이 된다.

이 空亡이 되면 平生에 作事가 無成하니 所到宮에 이러한 作用이 된다. 六親에 있어서 누구에게 該當하는가를 보아 無緣하다는 것을 알라.

甲子旬中 戌亥. 甲戌旬中 申酉. 甲申旬中 午未. 甲午旬中 辰巳. 甲辰旬中 寅卯. 甲寅旬中 子丑. 이 空이라 한다.

十、天職轉時法

各自의 生日干과 生時로서 보게되니 下와 如한 生日과 生時가 되면 罪를 犯하여도 特赦를 받게 되고 銃彈이 날라와도 하느님이 保護하여 주므로 無事하게 되는 것이라 한다.

甲己日生이 己巳時를 逢함이요
乙庚日生이 甲申時를 逢함이요
丙辛日生이 甲午時를 逢함이요

丁壬日生이 甲辰時를 逢함이요
戊癸日生이 甲寅時를 逢함이다

十一、八門配合八卦變化法

生氣는 即 生門과 同一하고 疑門은 絶體가 되고 杜門은 遊魂이 되며 奇門은 天宜라 하고 死門은 絶命이라 하고 戎門은 禍害라 하고 景門은 福德이라 하고 遁門은 歸魂이라 한다.
生門은 土니 生氣라 하고、 杜門은 木이니 遁藏이라 하고、 休門은 水니 財榮이라 하고,
死門은 土니 喪死라 하고, 傷門은 木이니 傷害라 하고、 景門은 火니 文書 또는 宴樂이라 하고 驚門은 金이니 驚駭라 하고,
開門은 金이니 榮達하고 開業하는 일을 한다.
以上은 卦와 門이 變化를 일으키는 것을 說明한 것이니 門과 宮이 서로 生하면 吉하고 門과 宮이 서로 剋되면 凶하게 되는 것이다.

十二、八門八卦의 吉凶

生氣가 生門을 逢하면 生計가 좋은 일이 생기고 天宜는 開門 巨門 奇門도 되니 酒食이 생기며 每事가 잘 되어 간다。

絕體는 驚門 疑門 祿存이니 折傷되거나 놀래거나 疾病을 앓게 된다.
游魂은 遁門 杜門이니 出行하게 되며 變業하기도 하며 움직이는 것을 말한다.
禍害는 傷門 戎門이니 敵盜의 亂을 보게 된다.
福德은 景門이니 財穀을 얻게 된다.
絕命은 死門 破軍이니 喪事 또는 凶한 것으로 變한다.
歸魂은 休門이며 伏吟이니 墓나 宅地의 變動이 있다.

十三、門卦吉凶論

生門이 絕命과 同宮되면 生門이 主가 되어 不絕되므로 도리어 吉하게 된다. 開門이 歸魂과 同宮되면 開門이 主가 되어 傷하지 아니하므로 도리어 吉하다. 開門이 歸魂과 同宮되면 福德이 傷門과 同宮되면 福德이 主가 되니 傷하지 아니하므로 도리어 吉하다.
生氣가 杜門과 驚門 傷門으로 同宮되면 生氣를 發揮하지 못하므로 도리어 凶하다. 宮이나 數字는 休囚되고 乘死되었으나 門卦가 吉하면 먼저는 吉하고 뒤는 凶하다.
門卦는 凶하고 宮數가 吉하면 먼저는 吉하고 뒤는 凶하다.

十四、三殺論

五土는 天罡이라는 殺星이 되고 七火는 熒惑이라는 殺星이 되며 九는 太白이라는 殺星이라 한다. 그러므로 庚丙戊가 三殺이 됨이다. 金은 禍를 主하고 火는 亂을 主한다. 太白인 金星이 天罡인 土에 生을 受하면 禍가 더 크다고 한다. 天罡土가 熒惑火星에 生을 受하면 禍가 크다. 雙金 雙火 雙七 雙九 雙罡은 大凶하다. 庚金인 太白은 兵星이고 丙火인 熒惑은 慧星이다. 歲宮에 이 별이 비치면 國民이 不安하다 한다.

十五、丙庚論

丙火는 亂을 主장하고 庚은 禍를 主장하니 火를 멀리 하여야 하고 金을 멀리 하여야 한다. 天盤에 庚金과 九金은 더욱 凶하고 地盤 庚金과 九金은 조금 輕하다. 대개 庚丙이 붙어 있는 宮에는 各各 適應된다. 만일 殺星이 歲干에 있으면 父母가 凶하고 月干에 있으면 兄弟가 凶하고 日干에 있으면 自身이 病이 있고 時干에 있으면 男兒가 傷하게 된다. 또는 歲支에 있으면 慈母에게 厄이 있고 또는 官災가 있으며 月支에 있으면 姉妹가 變이 있고 日支에 있으면 家宅과 妻에 變이 있고 時支에 있으면 子女兒孫이나 또는 奴僕에 變이 있게 된다.

十六、七九論

火는 亂을 主하고 金은 禍를 主한다. 그 中에 九金은 生氣가 없으므로 最惡하고 또는 刑殺이 된다.

詩曰 疾厄死傷은 九金中이요 口舌禍亂은 七火上이라 한다.

第二篇 原理論

第一節 奇儀干支論

天盤이 地盤을 剋하는 것은 끝가지 剋이 되고 地盤이 天盤을 剋하는 것은 끝에 가서는 剋이 되지 아니한다.

歲干은 임금이 되고 父親이라 하며 歲支는 慈母官職이요 月干은 兄弟朋友요 月支는 姊妹요 日干은 己身이요 日支는 妻妾家宅이요 時干은 子孫이요 時支는 女兒奴僕이라 한다.

一、烟局評

烟局은 時干으로 先鋒을 論할 적에 十干이 乘旺 居旺 受生 兼旺하며 吉門卦를 逢하면 大吉하다 함이다. 그리고 三奇가 互生되면 더 吉하다.

日干이 乘旺되나 休衰되는 宮에 있으면 外達은 하나 內困하게 되고 乘衰하였으나 旺地에 居하면 外로는 困하나 內로는 榮達하게 된다. 그 中에 旺相되는 數는 早發하고 衰休되는 數

45

는 晚發되고 囚死의 數는 終身토록 困苦하고 空亡이 되면 平生 虛事가 된다.

(註) 乘旺은 可令 亥子月인 十月 十一月生으로서 世爻 및 六親宮이 水에 該當됩니다. 居旺은 水가 坎宮에 있음이고 受生은 水가 或乾宮이나 또는 申酉宮에 座하여 있는 것이다. 兼旺은 天盤地盤數가 上下 同一함을 가리킴이니 天盤의 一數요 地盤도 一數라 하는 것이다.

二、地遁

乙奇가 兌宮에 있으면 날이 扶桑에서 돌아 오르는 모양이니 大吉하고 离宮에 있으면 當陽이라 하니 吉하고 卯宮에 있으면 힌 토끼가 宮에 노는 형상이니 吉하고 坤宮에 있으면 暗目되는 것과 같으니 入墓라 하여 凶하고 巽宮에 있으면 바람을 탄 형상이니 吉하고 乾宮에 있으면 옥같은 토끼가 林中에 있는 것같으니 吉하고 艮宮에 있으면 옥같은 토끼가 봄철에 뛰어가는 형상이니 吉하다. 丙奇가 离宮에 있으면 밝은 달이 端門에 비치는 형상이니 크게 吉하고 兌宮에 있으면 鳳凰이 날개를 傷한 모양이니 凶하고 卯宮에 오면 달이 窓門에 든 형상이니 吉하고 乾宮에 있으면 빛이 없고 墓中에 들어가는 형상이니 凶하고 巽宮에 들어가면 바람을 불어주는 형상이니 吉하고 艮宮에 있으면 凰이 丹山에서 노는 형상이니 吉하고 坎宮에 있으면 凰이 물에 빠진 형에 있으면 子息이 父母의 품에 들어있는 형상이니 吉하고 坎宮에서

상이니 凶하다 함이다. 丁奇가 兌宮에 있으면 天乙神이 되니 吉하고 坤宮에 到하면 玉女가 地戶에서 노는 형상이니 卯宮에 있으면 祿이 되니 吉하고 乾宮에 到하면 玉女가 天門에서 노니 吉하고 巽宮에 있으면 玉女遊神이 되니 吉하고 艮宮에 있으면 玉女가 鬼門에 노는 형상이니 凶하고 离宮에 있으면 旺勢를 乘하니 吉하고 坎宮에 있으면 朱雀이 강물에 빠진 형상이니 凶함이라 한다.

三、門卦總論

生門 生氣 開門 福德 景門 天宜가 되는 宮은 다 吉하게 되니 壽하고 月干 月支에 있으면 兄弟姊妹가 吉하고 日干 日支에 있으면 己身妻妾이 다 壽하고, 時干 時支에 있으면 子女가 吉하다. 歲宮이 開福을 만나면 일이 다 開運된다.

四、卦論

總卦라 함은 假令 中宮에 一數가 되고 坎宮이 空亡되면 이것은 總空이라 한다. 空亡이 되면 平生에 虛亡하고 破敗가 많다. 中宮數가 八인데 艮宮이 空亡 中宮數가 四인데 巽宮이 空亡 中宮數가 九인데 离宮이 空亡 中宮數가 二인데 坤宮이 空亡 中宮數가 七인데 兌宮이 空亡 中宮數가 六인데 乾宮이 空亡이라 한다. 이상은 總空됨을 말함이라 한다. 中宮과 日辰이 相生되면 統論하기를 成功이라 한다. 만일 日辰과 相剋되면 統論하되 不成이라 한다. 서로 受剋되어도 亦是 不成하니 總卦의 吉凶이 되므로 一局의 成敗를 論한 것이라 한다. 또는 每局上 中宮支爻에 있는 數로 總卦를 定하니 一局은 坎上 數라 한다. 二局은 坤上

五、中宮論

中宮은 一局의 장수가 되니 모든 일을 總領하는 곳이다. 모든 成否가 中宮으로 決定하니 假令 父母가 中宮에서 動하면 父母로 關한 일이 생기고 財가 動하면 妻妾으로 因한 일이 있으며 또는 財物을 얻게 된다. 子孫이 動하면 子孫으로 因한 일이 있고 正官이 動하면 官職의 일이 있고 鬼가 動하면 病厄이 發生한다. 歲干이 中宮에 들어 있으면 임금과 父母에 일이 있고 歲支가 中宮에 入하면 慈母나 또는 官爵의 일이 있고 月干이 中宮에 들어가면 兄弟 方伯 朋友로 因한 일이 있고 月支가 中宮에 들어가면 姊妹 幕府 賓客으로 因한 일이 있고 日干이 中宮에 들어가면 己身의 일이 있고 日支가 中宮에 있으면 妻妾이나 家宅으로 因한 일이 있게 되고 時干이 中宮에 들어가면 男兒子息으로 因한 일이 있고 時支가 中宮에 들어 있으면 女兒 奴僕으로 因한 일이 있게 된다. 庚이 中宮에 들어가면 몸에 병이 있고 그렇지 아니하면 禍厄이 오게 된다. 丙이 中宮에 들어가도 不吉하니 旺生休剋刑冲破害空亡을 參考하라.

官職占을 할 때에 子孫이 中宮에 들어 있으면 官職에 魔害되니, 歲와 月이 官을 助하고 官이 旺地에 있으면 도리어 吉하게 된다. 財占에는 子孫이 中宮에 들어가면 財事가 大吉하다. 官職占에 官이 中宮에 있고 財占을 하는데 財가 中宮에 있으면 다 잘 成事한다. 그러나 歲月이 剋破하면 不成한다. 대개 占치는 데에 歲와 中宮과 用神이 相剋되면 不成한다.

六、六親論

生我한 것이 父母라 한다. 例를 들면 金이 水를 生하니 金을 父母라 한다. 나와 同等한 것을 兄弟라 하니 例를 들면 水로서 水를 보면 兄弟라 한다. 내가 剋하는 것을 妻와 財라 하니 例를 들면 水가 火를 剋하니 火가 妻와 財가 된다. 나를 剋하는 것이 官鬼니 土가 水를 剋하므로 土가 鬼가 된다. 六親에 對하여 乘旺되고 居旺되며 門封를 得하고 中宮이 도와주며 歲에서 生을 받으면 다 吉하다. 그러나 이와 反對로 剋을 受하며 乘衰 居死 受剋 上剋下하면 大凶하다.

註 이 앞에 乘旺 兼旺 居旺 受生 等은 뜰을 해설하였으니 略하고 乘衰 居死 受剋 上剋下를 說明함. 乘衰라 하는 것은 冬節에 出生한 사람으로 世爻가 二七火에 있는 것을 가리킴이요, 夏月에 金 秋月에 木 等을 말함이다.

居死라 함은 金이 子에 死하니 世爻의 四九金이 子宮에 있음이요 三八木世爻가 午宮에 있음이요 二七火世爻가 酉宮에 있음이요、一六水世爻가 卯宮에 있음이라 한다. 受剋은 一六世爻가 辰戌丑未宮에 있음이요、二七世爻가 亥子宮에 있음이요、三八世爻가 申酉宮에 있음이요. 四九世爻가 巳午宮에 있음이요、上剋下은 天盤이 水요、地盤이 火가 되는 것이니 이로 미루어 보라.

生我者 父母　我生者 子孫　剋我者 官鬼　我剋者 妻財　比和者 兄弟

七、五行性理論

日上에 數가 一六水면 才操와 智慧가 出象하고 또는 글을 잘하며 술을 좋아하고 技術이 能하다. 그 中 또다시 水가 많으면 간사한 일이 많으며 或 精神이 없는 것을 잘한다. 그리고 分派 離別數가 많케 되며 水가 空亡되면 流한다.

日上에 數가 二七火면 德이 밝고 聰明하며 禮를 좋아한다. 或 성질이 急하고 말소리가 操急하며 小兒때 變幻을 잘하고 꾀가 많다. 火가 太多하면 禍敗가 있게 된다. 七火日主가 亥宮에 있으면 胞剋이 되니 壽命이 利롭지 못하다. 雙火 雙七은 大亂을 當하게 된다.

日主가 三八木이 되면 仁慈하고 寬和하며 形貌가 長秀하다. 木이 多하면 傷折할 근심이 있다. 或 權勢를얻기도 하나 秋冬에 生하면 符合되지못한다.

日主가 四九金이면 堅白하고 義를 主掌한다 金이 多하면 刑殺하니 絕剛의 病이 있게 되고 病厄이 많다. 雙九 雙金이면 大禍를 當하게 된다.

日主가 五十土면 순박하고 信用이 있으며 몸이 두텁고 富格이 된다. 土가 多하면 遲鈍하고 土가 薄하면 信用이 적다. 凡物이 多하면 極하고 二가 되면 變하게 되니 變하면 灾殃이 나게 된다 함이다.

八、人 品

五行이 雙을지어 年月日時支에 陰陽으로 配合되어 있으면 賢人이 되고 五行이 具備하여 孟仲季(各四時에 春節이라면 一月 二月 三月을 가리킴이다) 四辰이 各各 順成하여 聯珠되고 純陰이라면 聖人 或 天子가 된다. 純陽이면 聖人의 後孫 또는 王妃가 된다.

五行이 雙으로 갖추어 있으면 聖賢의 바탕이라 한다. 乙丙丁 三奇가 順하게 年月日時에 臨하면 聯珠되면 奇士라 하고 또는 二火는 丁에 屬하므로 幻術을 主張하니 年月日時에 臨하면 幻士요 術士라 한다.

一六이 年月日時에 臨되면 才士요 單으로 日時에 臨하여도 才士라 한다.

年月日時上遁에 杜休死絕이 重疊하면 隱士요 日辰이 華腹背에 있으면 다 才智의 士라 한다.

蓋(墓)가 되면 術士라 한다. 中宮이 歲鬼를 剋하고 歲宮이 中宮鬼를 剋하는 治鬼하는 사람이 라 한다. 艮者는 山이요 鬼窟이라 한다. 日辰이 艮宮에 있어 歸杜生門이 되면 山人이라고 한다.

註 幻士은 변화를 잘 부리는 사람이라. 華蓋은 庫墓葵이니 午日이 戌字위에 있는 것을 가리킴이다. 火日干이나 日支가 戌宮에 있음이다.

九、相心七火的言

局內에 七火로써 사람의 마음이라 한다. 七火가 乘旺되고 居旺되고 兼旺하며 局內에 두세 계가 있는자 또 이르되 旺生되고 受生되고 居生된 자는 그 뜻이 높고 멀며 壯大하다 하겠다. 그 中에 吉門卦를 얻으면 더욱 善하다. 火가 剋되는 땡이나 絶되는 땡이면 驚怯이 많은 사람이라 한다. 火宮에 水가 同宮되면 女子를 좋아하고 놀음을 좋아하며 재주도 많고 지혜와 꾀가 많다. 土와 同宮되면 무엇이든 남 주기를 좋아하고 사람을 救濟하기를 잘한다. 그러므로 곤란한 것이 많고 疲勞하며 耗損되는 것이 많다. 그러나 眞實한 信用이 있고 機謀가 깊다. 木을 同宮한 者는 仁慈하며 寬愛하고 火를 同宮하면 禮와 學文이 밝고 威烈함을 좋아한다. 金과 同宮이 되면 인색하고 視野가 좁으며 偏狹心이 있고 殺性을 좋아하며 毒이 많다. 그러나 吉門卦를 만나면 善人이 된다. 門卦가 凶하면 惡死하게 된다. 絶하거나 傷되거나 禍害門

이 된 사람은 貪내는 것이 많고 毒氣가 감추어있다. 그러하므로 同謀하지 말 것이다. 生門되고 生氣가 되고 開門 福德이 되면 仁을 좋아하고 榮華를 發하게 된다. 絶門 驚門이 되면 驚剋함이 많다. 杜門 歸魂이 된 사람은 隱遁하기를 잘하고 天宜門이 되면 音樂함을 좋아하고 遊魂이 되면 煩劇함을 좋아하고 日辰 金局이 旺하고 旺하여 格에 들면 大吉하다.

日이 乘旺하고 生旺되고 居生되고 受生되며 吉門卦가 되면 무엇이 되었든 入格한 像이라 한다.

九金이 日에 臨하면 凶痕과 縛痕이 있으니 왼편이면 왼편에 있고 오른편이면 오른편에 있다. 만일 雙金이 日主에 臨하면 온 낯에 흉터가 있고 兼하여 凶門卦가 되면 더욱 惡한 흉터가 있다. 日辰이면 왼쪽 눈위에 있고 月令이면 오른쪽 눈에 있다. 그러므로 吉한 卦는 吉하고 凶한 卦는 凶하다. 日辰은 左目이요 月支는 右目이니 이 宮에 火가 있고 死絶驚門이 되면 눈 먼 사람이 된다. 絶門이 日月에 臨하면 雙目이 멀게 된다. 上下가 生克되고 門卦의 凶吉이 乘旺 生旺 乘死 休囚에 따라 論하게 된다.

火는 顔이요 土는 鼻요 水는 口요 木은 左顴이요 金은 右顴이라 한다. 그러므로 二七이 顔이요 五十이 鼻요 一六이 口요 三八이 左顴이요 四九가 右顴이요 左耳는 水라 하고 右耳는 火라 하고 歲는 頭요 時는 足이요 日月은 股라 한다. 太歲는 頭라 하니 太歲가 土宮이면 方하고 火宮이면 尖하고 金宮이면 圓하고 水宮이면 活하고 木宮이면 長함이라 한다.

日月을 股이라 하고 寅申卯酉를 股라 한다. 局內에 寅申卯酉가 日月上下에 있어 相剋이나 死絕門卦를 만나면 雙股가 不完하다 함이다. 兄弟은 眉라 하고 妻는 奸門이라 하고 子孫은 眼下 臥蚕니라 하고 父母는 日月角이라 한다. 그러므로 兄弟가 旺旺 生生되면 眉長過目이라 하고 妻財가 旺旺 生生者는 眼下가 肥厚하고 父母가 旺旺 生生者는 日月角高라 하고 官星이 旺旺 生生者는 別骨과 別格으로 特別히 뼈가 솟았다 한다.

十、洪局布法

01 癸 巳 6　　天干合數　三六　九除 四　九除 餘九

7 庚 申 9　　地支合數　三十　九除 三　九除 餘三

9 壬 戌 11

01 癸 卯 4　　天盤 九　地盤 三　入中宮

地盤

月支　　　　　日支
坤　　兌　　　乾
五　　二十　　三九
离　　中宮　　坎
十二　九　　　八四
巽　　震　　　艮
五七　六六　　二
年支　　　　　時支

中宮 天盤이 九 地盤이 三하니 坎에 四、坤에 五、震에 六、巽에 七 中宮 건너뛰어 乾에 九、兌에 十、艮에 一、离에 二한다. 그러므로 順布하고

天盤

中宮에 九、离에 十、艮에 一、兌에 二、乾에 三、中宮은 건너뛰니 巽에 五、震에 六、坤에 七、坎에 八하니, 그러므로 逆布한다.

子平式 四柱法으로 布局한 後에 天干은 天干으로 合한 數를 내고 地支는 支地의 合數로 計算한다.

甲一 乙二 丙三 丁四 戊五 己六 庚七 辛八 壬九 癸十

子一 丑二 寅三 卯四 辰五 巳六 午七 未八 申九 酉十 戌十一 亥十二하니 이것이 洪奇 數라 한다.

그런데 陰局이나 陽局이나 天地盤 布法은 이와 같다.

十一、烟局布法

陽遁局이니 順布

立春節內 庚申日 午時가 立春下元局이니 立春八五二中에 下元이므로 二宮에서 甲子戊를 일으키게 된다. 이것이 地盤이 되고 庚申日 午時면 乙庚日에는 壬午時가 되고 壬午時은 甲戌旬

辛　乙戊　丁癸　己壬
甲子　甲寅　甲辰

中에 있으니 甲戌己라 하므로 己字를 壬字上에 붙이고 巳字 다음 庚字를 乙字으로 옮기고 甲字上으로 옮기고 癸字를 庚字上으로 옮기고 丙字를 丁字上으로 옮기고 戊字를

壬丙　辛　庚乙
　　甲午　壬

字上으로 옮기고 乙字를 戊字上으로 옮기고 丁字를 癸字上으로 옮긴다. 그

癸庚　戊己　丁戊
甲申　甲戌

리하여 위는 天盤이요 下는 地盤이라 한다.

己癸　丁戊　乙己
　　　　　　丙丁

大署節 丙寅日 乙未時는 大署上元 七이니 七宮에 甲子戊을 起

戊丙　庚　壬丁
　　　　　

하여 逆布한다.

癸辛　丙壬　辛乙

乙未時 가甲午辛旬中에 있으니 辛字를 八宮 乙字上에 移去한다.

十二、直符圖

多至後 夏至 前까지는 陽遁이니 順行한다. 直符가 所臨된 宮 前 二位가 太陰이요 前 三位가 六合이요 後 一位가 九天이요 後 二位가 九地라 한다.

坤玄武　兌九地　乾九天
離白虎　　　　坎直符
巽六合　震太陰　艮騰巳

이 順序가 一直符 二騰巳 三太陰 四六合 五白虎 六玄武 七九地 八九天이다.

그러므로 陽局은 順으로 돈다.

夏至 後陰遁局은 逆布한다.

坤六合　兌太陰　乾騰巳
離白虎　　　　坎直符
巽玄武　震九地　艮九天

坎에서 乾으로 되니 逆布라 한다.

直符 付去法은 時干符頭에 따라 付去한다. 太陰 六合은 百事가 吉하고 逃避하는 데에 宜하다. 九地는 隱藏하고 伏匿하는 데에 宜하고 九天은 揚兵하고 耀武하는 데에 宜하다. 直符은 吉하고 騰巳 白虎 玄武 句陳은 凶하다.

十三、上中下元

曆元으로써 數를 일으키는 基本이 되니 가장 重要함이라 한다.

中國曆法으로 黃帝부터 迎日推筴하므로 黃帝六十一年 甲子가 上元이 되니 我國에서도 옛때부터 中國의 曆을 쓰는 故로 李朝 世宗二十六年 甲子까지가 上元이 됨이라 한다.

明宗十九年 甲子下元

　　　　　　　成宗二十五年 甲子中元

仁祖二年 甲子上元

　　　　　　　英宗二十年 甲子下元

當今三十年 甲子中元

　　　　　　　肅宗十年 甲子中元

純宗四年 甲子下元

　　　　　　　當今九十年 甲子下元

大正十三年 甲子元下元

註 本書에 上中下元別이 위와 같으나 未詳이고 西紀一九二四年前癸亥는 上元이요 甲子부터 中元이라 한다.

十四、蘆沙先生奇正鎭設局圖

子年 坎一局　　丑寅年 艮八局　　卯年 震三局　　辰巳年 巽四局

九四一　　　　七二八　　　　　四九三　　　　　三一四

　　　　　　　　　　　　　　　　　　　　　　　　二五六
　　　　　　　　　　　　　　　　　　　　　　　　七八三
　　　　　　　　　　　　　　　　　　　　　　　　一三九
　　　　　　　　　　　　　　　　　　　　　　　　午年　离九局

　　　　　　　　　　　　　　　　　　　　　　四五三
　　　　　　　　　　　　　　　　　　　　　　九一六
　　　　　　　　　　　　　　　　　　　　　　三四七
　　　　　　　　　　　　　　　　　　　　　　未申年　坤二局

　　　　　　　　　　　　　　　　　　　　七五八
　　　　　　　　　　　　　　　　　　　　二六一
　　　　　　　　　　　　　　　　　　　　三五四
　　　　　　　　　　　　　　　　　　　　酉年　兌七局

　　　　　　　　　　　　　　　　　　八五七
　　　　　　　　　　　　　　　　　　六二九
　　　　　　　　　　　　　　　　　　九五一
　　　　　　　　　　　　　　　　　　戊亥年　乾六局

　　　　　　　　　　　　　　　　六五二
　　　　　　　　　　　　　　　　一五九
　　　　　　　　　　　　　　　　四三八

　　　　　　　　　　　　　　八七四
　　　　　　　　　　　　　　一九二

假令 甲子年이면 年月日時 干支를 天干은 甲一 乙二 丙三 丁四 戊五 己六 庚七 辛八 壬九 癸十 九九陰之하여 入中宮하고 그 年의 年支方數에 있어 逆布하고 地支는 子一 丑二 寅三 卯四 辰五 巳六 午七 未八 申九 酉十 戌十一 亥十二 合算하여 九九陰之하고 餘數가 入中宮하여 年支의 所在 方數를 따라 順布한다.

年局은 曆書에 今朝時를 添入하여 合算 九九除하라 하였으나 解法이 査然한 것이다.

蘆沙先生이 傳하되 曆書에 或 差誤處가 있는데 만일 元局의 理致로 設局하면 반드시 誤失이 있게 되니 或 局數로 布局한 然後에야 萬無一失되리라 年局 商局 及 其他 各占을 이로써 미루어가면 百發百中한다 하였다.

第三篇 運命論

第一節 洪局 天時雨晴賦

我邦의 年局은 火火 水水로 二十四節의 雨晴을 알게된다.

正月一日 年月日支干數로 成局하여 써 天下의 一年 비 오고 비 개는 것을 알 수 있다.

우리나라는 天下局艮寅方에 있는고로 艮上數를 다시 中宮으로 入시키어 局을 이루니 이 局으로서 우리나라의 一年間 비 오고 비가 오지 아니한 것을 알게된다.

그리고 一年二十四節候에 節드는 날의 年月日時 干支로 成局하여 그 節內의 雨하고 晴하는 것을 알게된다.

支數는 順하고 天數는 逆하는 二十四節局도 亦是 天下局艮上數가 中宮에 入하여 다시 成局하여야 할 것이다.

一六은 雨雪이요 二七은 旱炎이고 三八木은 風雷로 보고 四九金은 霜露로 보고 五十土는 雲霧로 보니 火가 火를 만나면 旱하고 水가 水를 逢하면 雨하고 水가 極旺되면 도리어 陽

이 되니 가물고 火가 極旺하면 도리어 水가 되니 비가 온다.

대개 局內에 二七을 逢하면 旱하고 一六이 一六을 逢하면 비가 오니 먼저 天地盤에 火火水 水相合을 보아 晴하고 雨한 것을 定한다. 一六이 一六을 逢하고 또 亥子宮에 있으면 水가 極 旺되니 되리어 크게 가물게 되고 二七이 二七을 逢하여 巳午火宮에 있으면 도리어 비가 크게 온다.

水와 水, 火와 火가 不逢되면 어째서 雨晴을 決定할 수 있는가? 年月日時四辰에 水가 되고 火가 되므로 論하니 兩三火가 旺하면 旱하고 兩三水가 旺하면 雨하니 生旺地에 居하면 勢가 크 고 死絕에 臨하면 勢가 적으니 一個가 더 助力하면 勢를 일으킨다. 그러하므로 다시 年月日 時上을 보니 兩三水가 있으면 旱雨의 勢가 크고 兩三火가 되면 火가 火에 不合되고 水가 火에 不合되고 火가 火에 不合되어 火가 旺하므로 旱하게 된다 그 중 면 火가 크고 水를 더하면 水가 크다. 水가 水에 不合되고 兩三火가 死絕衰에 臨하면 雨旱이 弱少하게 되니 만일 生旺沐浴의 地에 있으면 兩三火의 勢가 크고 死絕地에 臨하면 火가 旺하므로 旱하게 된다 그 중 一個만 도와주게 되면 힘이 倍나 크게 일어나니 勢가 長遠하다.

丙丁日時은 旱하고 壬癸日時는 雨를 應하니 日時가 丙丁이면 大旱하고 壬癸면 大雨하고 年 月日時에 丙丁 巳午를 得하면 旱하고 壬癸亥子를 得하면 장마진다.
하고 二七이日時에 붙어도 晴한다.

또는 年局으로 論할때 一六이 艮에있으면 大水가 오고 二七이 艮에 있으면 크게 가문다.

62

火火 水水가 符合됨이 없으면 무엇으로 그 陰晴을 決定하겠는가 이러한 경우에는 水가 鬼로 되면 비가 오고 水鬼가 克을 受하면 비라 決定할 수 없다.

火鬼가 剋을 受할 때는 旱이라 決定할 수 없다. 만일 兼旺 居旺 受生되면 이러한 經緯는 水鬼면 비가 오고 火鬼면 旱한다.

年月日時에 水火가 兩三이 不付하고 水가 鬼로 되어도 旱한다. 水鬼가 剋을 受하면 비가 아니오고 火鬼가 剋을 受하면 旱함이 없다. 水鬼가 兼旺하고 居旺하며 乘生 受生한 然後에야 비가 크게 오고 火鬼가 兼旺하고 居旺하고 乘生 受生한 然後에야 大旱하게 된다. 비록 다른 種類의 鬼가 되고 水가 生하는 데에 至하여도 火가 生하면 旱하고 鬼가 火를 戴하면 旱하게 된다.

戴하여도 旺旺한 然後에 水旱이 다 크다. 鬼가 金을 戴하면 비가오고 鬼가 木을 戴하면 晴하게 되고 鬼가 土를 戴하면 雲霧가 끼게 된다. 鬼가 旺하고 鬼가 衰하므로 水旱의 大小를 살피고 鬼가 受하면 下雨한다. 오직 鬼가 居旺하면 도리어 비가 온다. 火土木金水鬼가 있으나 水가 木鬼를 生하면 비가 오고 火鬼가 土鬼를 生하면 旱한다. 또는 火鬼 위에 水가 보게 되면 비가 오고 金鬼上에 土를 보면 旱하게 된다. 만일 鬼가 剋을 受하면 비가 지 못한다. 오직 火가 剋을 受하고 金鬼가 旺하면 도리어 비가온다. 만일 가물 때에 火鬼가 太旺하면 비가 오고 비오는 장마에 水鬼가 太旺하면 旱하게 된다. 旱時라 하는 것은 火旺

月을 가리킴이요. 雨時이라 하는 것은 水旺月로 보는 것이 可하다 함이니 其理가 昭然하다 함이다.

四九金은 水의 母이니 鬼旺旺은 雨가 大來할 징조라 하겠다. 土鬼면 雲霧가 重重하고 木鬼은 바람이 불고 陰晴은 水火에 不過하다. 水火二字로 論決하니 火가 水上에 있으면 水가 乾하게 되고 火上에 있으면 火가 滅한다. 禍害 遊魂이 水宮에 加하면 水가 濫溢하고 天宜 歸魂으로 되면 비가 순하고 禍害 傷門은 비가 고르게 온다. 父母는 水라 보고 妻財 子孫은 晴으로보니 歲中을 相較하여 生剋制化됨을 詳細히 보라 父母官鬼은 비가 오고 妻財 子孫은 晴하고 兄弟는 바람이된다. 中宮이 歲를 助하고 歲가 中宮을 助하여 歲月에 있은 父와 官이 吉하다. 그러나 中宮이 歲를 剋하고 歲가 中宮을 剋하고 歲月에 있은 父와 官을 剋하면 旱하게 된다.

空亡과 刑沖과 모든 殺星을 細推하라. 예컨대 一六이 비라 하나 一六이 空亡되면 不雨하고 四九金과 一六水鬼가 되어도 歲中이 剋하면 不雨한다. 비가 오게 될 경위에 天盤數가 相刑 相沖되면 雨勢가 速猛함이라 한다. 上下가 一六 되는 宮은 이날 이곳에 비가 오게 된다.

水와 水가 相合하면 비가 오니 亥子壬癸日 오게 되고 또는 亥子方이라 한다. 그러나 旬內에 甲이 먼저 오면 甲日에 비가 오고 寅日이면 寅日에 먼저 오니 日辰의 沖宮도 보라.

鬼地라면 寅卯方과 寅卯日에 비가 옴이라 한다

他의 鬼도 이 法으로 보아 이 式으로 決定하라 대개 一六 所加된 宮에 비가 흔히 온다. 그러나 그 中에 旬空되면 細雨가 오고 間宮에 空이 되면 雨來한다. 乾坤艮巽이 間宮이요 子午卯酉는 正宮이라 한다

地盤에 一六水가 間宮에 加해졌으면 陰日에 비가 온다 一六이 中宮에 動하였으면 壬癸亥子日로 본다.

各方 分野에 東이 있고 또 西가 있으니 그 中에 妙한 理致를 누가 能히 알 것인가? 一六이 所加되었으나 가뭄이 있고 三七이 所加되여도 비가 오는 수도 있다. 이 비가 많고 火가 所加된 땅上에 加된 後에야 우리나라에 비가 많을 것을 알게 되고 二七이 艮上에 臨하면 비록 비가 온다 하여도 비가 적다고 본다. 구름이 끼고 비가 오는 곳에 따라 年月日時로 미루어 보라.

비가 오되 各各 다름이 있어 東은 많고 西는 적으니 또 區別이 있다. 이비 저 바람이 各各 다름이 있음이라 하겠다. 그러므로 所在地의 關係라 하겠으니 비 오고 바람 부는 것은 年月日時로 作局하여 다시 生旺休克을 分하여 可히 加減量을 參酌하라.

局中에 雙勢(例 一一)라도 다름이 있으니 雙金雙木 雙土類에 雙金은 크게 치우며 또는 露와 霜이라 하고 雙木은 風多로 보며 雙土은 구름과 안개라 한다. 每日 날이 寅卯辰方에서 出

하니 當日의 風雨는 日로써 알게된다. 그러므로 每日 日出의 年月日時로 作局하여 보되 日支 上에 一六 九가 所加되면 비가 오고 二七八이 되면 해가 나고 五十 土가 多하면 陰晦하고 그 中 五十이 九를 加하면 비가 온다. 그리고 一六이 加되면 해가 난다. 雙木이면 바람이 불고 雙土면 안개가 끼고 雙四는 凝迷한다.

또는 節局의 雨晴도 參考하여야 한다.

節局이 가물다 하였으면 비록 一六이 一宮上에 加하여졌으나 비가 올듯하고 만다. 日上에 九金이 加臨하여도 陰晦할 뿐이다. 위의 論理를 推得함이 可하다.

우뢰와 벼락은 어떻게 보는가? 火金이 加하여 있으면 正히 이같다. 火金이 歲나 月이나 中宮에 加해지면 위와 같은 作用이 생긴다.

日驗에 이르되 一六은 水요 九金은 水의 母요 五十土는 雲霧요 五十이 九金을 加하면 비가 오고 여기에 一六이 加되면 도리어 해빛이 난다. 二七은 火니 三八木이 火의 母가 되며 三木은 雷에 屬한다. 四는 霜露에 屬하는 故로 三四가 사이에 들어 있으면 희미한 볕이 난다.

日宮上下에 太白金이 來臨하면 晦하고 熒惑火와 太白金이 上下에서 相戰하면 陰晦한다.

天災와 時變은 十二宮 各臨의 地에 빛이어 무슨일로 因한 것을 알게된다. 다음의 年局인 邦國評에 吉凶禍福이 昭昭하게 되어 나타나 있다.

驗水

癸巳
庚申
壬戌
癸卯

月父
干三六
支三十
三九
七五 父
二十
三九
五七 官
十二 兄
九三
歲七 鬼
六六 孫
一 孫
時 孫

斷曰 一六水가 一六水를 만나니 丙寅 丁卯日
에 큰 비가 오고 壬戌 癸亥 甲子日에도 다
비가 오고 甲戌 乙亥 壬申 癸酉日에도 다 비
가 오니 中宮이 歲上 七火官鬼를 돕고 七火
가 月宮 五土를 助하여 日辰九金을 生하므
로 九金이 時上에 一六水를 生한 原因이다.

戊戌
己未
丁巳
庚子

二六 孫
五五
七八 父
三九 時
二十 世
四 官
六 鬼
十 日
一
一

註 水가 寅卯宮에 있으므로 甲乙이 되는 날 또는 寅卯 되는 날 水가 되는 壬癸亥子
日에 비가 오게 됨이라 한다.

一六이 一六水를 逢하니 비가 올듯 하나 歲가 中宮父母를
剋하니 가뭄의 (旱)象이다. 此節內에 비가 오다가 개이고
개이다가 비가 도로 온다. 小署中元에 洪局의 八局 時干
이 沐浴宮에 坐하여 癸水가 一水를 逢하고 六水가 壬水를
逢하며 다맛 日干에 七火가 臨하였으므로 어느날 비가 오지
아니하는 날이 없고 晴하지 아니하는 날이 없음이라 한다.

癸　日　年月兄鬼
酉　世　九　四　五
　　　　一　六
辛　月　　　五
酉　父　　　十
　　官
戊　時　二　一　九
申　孫　八　九　十
　　財
戊　　　七　八　三
午　孫　三　二　七
　　財

一六水가 年月日三處에 있으니 水旺의 象이라 한다. 그리고 中宮 父母가 動하였으며 또 天數가 와서 生하여 줌을 받으므로 兩水가 長注됨이라 하겠다.

壬辰　月　五　一
　　時　六　一
　　兄　十
　　世
　　日
　　官

丁未　孫　八　七　六
　　　父　三　四　五
　　　鬼

乙酉　孫　八　七　六
　　　父　三　四　五
　　　鬼

癸未　年　三　四　九
　　　財　八　七　二
　　　財

月日時 三處에 一六水를 보니 水가 旺하고 또 父母가 中宮에서 動하니 빗물이 내려온다. 그러나 水가 上에서 剋을 受하니 戊己四季日에 不雨함이다. 또는 官鬼가 水를 戴하였으며 鬼가 乘旺하였으므로 비가 크게 옴이다.

68

己亥 六 一 二
　　 官 鬼 年
　　 　 　 父

庚午 世月日時
　　 九 八 財
　　 五 六 父

丙午 　 兄
　　 九 　
　　 十 七

甲午 四 五 十
　　 　 　 孫
　　 十 九 四

月日時가 다 土가 旺하므로 안개가 많이 끼며 二七火가 二七火를 逢하니 가뭄도 있으나 三八木鬼가 水에서 生을 受하니 비가 올 象이다. 이것은 대개 水를 戴하고 水象이 되어 있는 原因이라 하겠다. 그러므로 庚辛申酉 甲乙寅卯日에 비가 온다.

甲戌 世日 兄
　　 九 四 三
　　 八 三

乙未 月時 父
　　 二 五 十
　　 　 　 孫
　　 　 　 七

壬午 歳 官
　　 七 十 三
　　 　 八 九 鬼
　　 　 　 四

一六水가 中宮에서 動하니 兩象이 되나 巽宮이 旬空되므로 비가 오고저하여도 오지 않는다. 그리고 歳月이 火土로 되고 日木이 助火하니 또는 旱象이라 하겠다.

69

一六水가 日時에있으니 비록 비가 올 것 같으나 旺한 火가 水上에 加되었으므로 (晴)할 象이다. 그러나 中宮에 父母가 動하였으므로 庚申辛酉日에 비가 조금씩 오나 대개 水上에 天火가 加하였으므로 물이 다 말라 버리는 所以라 하겠다.

二七火鬼가 二七火鬼을 逢하므로 이 一節인 十五日이 旱한다. 中宮이 歲上官鬼을 克한 故로 역시 가물 象이다.

壬辰　九四　父
丙午　二一　兄　　四九　父　　　　時
己巳　　　　　　　二　財　　五八　孫　　歲月日에 다 水가 되었기 水動이라 하니 辰巳日에 비가
甲戌　歲日七六世　十三　孫　　三十　鬼　八五　官　조금씩 오나 天火가 旺地에 加臨하였으므로 水는 弱하
　　　　　　　　　　　　　　　　　　　　　　　　고 火는 盛하니 兩小하다。이것은 대개 水上에 天火가
　　　　　　　　　　　　　　　　　　　　　　　　加臨한 所以라 하겠다。

一、烟波天時論　　冬至에는 天盤을 찾고 夏至에는 地盤을 찾는다。

烟局은 干을 爲主하여 成法하고 洪局은 支를 爲主로 하니 洪아 烟에 合하지 못하면 十漏半
五라 하고 烟이 洪에 合하지 못하면 十漏半五라 한다。洪局은 日辰을 爲主로 하고 烟局은 時干
을 爲主하니 洪烟이 幷用되므로 日時의 奇가 됨이라 한다。
대개 正月一日의 年月日數를 立春 中心으로 하여 年局을 보게되니 年局歌를 보라、洪의 무
슨 局이 되든 上中下元으로써 除하여 時와 다섯 日을 쓰고 烟局으로 計算하여 무슨 局이 되
드라도 洪局과 幷用하니 그 天下의 一年 雨時를 알게 된다。
다음으로는 우리나라의 일을 알고저 하면 中國에 艮上數奇儀가 中宮에 들러가 다시 布局하

면 우리나라의 局이 되니 이 局으로 우리나라의 一年間 雨時를 보게 되는 것이다。 그리고 또는 四立인 立春 立夏 立秋 立冬의 年月日時로 成局하여 四時의 雨時를 알게 된다。

大抵每節의 年月日時로 洪局을 成하고 또 每節의 上中下元으로 六儀 三奇直符를 時干에 加臨시키어 烟局을 이루니 局內에 먼저 天盤의 壬癸를 보아 一六이 加臨되며 天蓬과 休門을 만나면 그 節氣가 다 비만 온게 된다。 天盤에 丙丁이 二七을 加하고 또 天英 景門을 만나면 그 節內가 다 가물게 된다。

一局內에 丙丁이 二七을 加하고 壬癸가 一六을 加하면 半은 비 오고 半은 개인다。 丙丁이 一六을 加하고 二七이 壬癸를 加하면 다 晴旱되므로 論한다。 두번째는 旺과 休를 分別하여 말하라。 元局中에 每日日干 地盤 奇儀數가 中宮에 들어 成局하되 一六이 壬癸 日을 만나면 비가 오고 二七이 丙丁 日을 만나 陽에 臨하면 가무니 壬癸 丙丁을 한가지로 미루어 본다。

甲乙이 三八을 만나면 바람이 불고 庚申이 四九을 만나면 안개와 서리가 오고 戊巳가 五十土를 만나면 구름이 끼고 어두어 컴컴하다。

대개 日干이 中宮에 入하고 數와 門이 中宮에 들고 艮寅上에 二七三八이면 볕이 나고 五十土는 그늘지고 만일 地盤이 壬癸가 되면 새벽에 비가 온다。

우리나라는 主로 艮寅上에 있으니 壬癸가 一六을 만나고 天蓬 休門이면 비가 오나 만일 우리나라 艮寅上 天盤에 丙丁 景英이있고 二七이 臨하면 별이 나고 개이는 것을 보게된다. 一六 壬癸라도 天英 景門을 만나면 개이고 볕이 난다.

元來 壬癸一六이 天蓬과 休門을 만나면 비가 오는 것이라 한다. 또는 一六이 离宮에 臨하면 갠다하나 그러나 壬日이면 비가 온다. 一六 壬癸가 中宮에 入하면 이것이 動이라 하니 가장 비가 많이 온다.

甲은 雷라 하고 乙은 風이라 하며 戊는 雲霧라 하고 丙丁은 電이라 하고 己은 虹霓라 한다. 庚과 開門은 별과 달이요, 辛은 霜露라 하며 壬은 雨露라 하고 癸은 霧라 하니 年月日로 局을 結定하고 次로는 時干을 보아 決定한다.

만일 時干이 中宮에 들면 비가 오지 않이하니 壬癸一六을 보아도 비가 아니 음이라 한다.

壬癸一六이 時干이 되고 四九金이 中宮에 動하여 水을 生하면 비가 오게 된다 하겠다. 또 는 時干上에 一六壬癸가 되면 節內에 비가 많고 丙丁二七이 되면 節內에 가뭄이 많다. 甲乙 三八木이면 바람이 많고 戊己五十이면 구름과 안개와 볕이 많고 庚辛 四九은 서리와 안개가 많 고 또는 晴陽으로 論한다. 二七五十이 비록 晴陽이라 말하나 一六이 對冲되면 비가 오고 다시 一六이 純空鄕에 떨어져있으면 비가 반드시 오지 않고 半空鄕에 있으면 解空된 뒤에 비가 온 다. 一六三八이 비록 비라하나 二七이 對冲되면 晴陽되고 또는 二七이 純空鄕에 있으면 반드시 晴陽이라 볼 수가 없으니 解空된 뒤라야 晴陽된다 하겠다. 節日時干이 다 壬癸면 節內에 반드시 大水가 있고 時干이 沐浴宮에 있으면 節內에 雨가 온다. 陽干은 順하고 陰干은 逆으로 보와 沐浴宮과 對照한다.

비록 天盤에서 一六壬癸를 보지 아니하여도 壬癸日이 오면 비가 온다. 陽時干이면 壬日이요, 陰時干이면 癸日을 가리킴이다.

節日時干이 다 壬癸면 節內에 큰 비가 있고 時干이 沐浴宮에 떨어지면 節內에 비가 많다.

丙丁巳午日이면 多旱하게 되며 時干에 水火물이 相半되면 陰晴함이 相半된다.

大低 壬癸一六이 休蓬으로 沐浴鄉에 있으면 큰 물이 지고 丙丁日時을 얻고 景英에 陽星이 兼되고 있으면 비가 크게 가뭄이 든다. 壬癸一六이 离宮에 있어 丙丁日時을 얻고 景英에 陽星인 火土가 陽宮에 있으면 비가 곧 오다가 곧 개이기도 한다. 그러므로 두루 洽足함을 보지 못한다. 또는 旺休刑 剋을 逢하고 凶門卦가 되면 勢가 사납고 吉門吉卦가 되면 勢가 順하게 되니 十二宮의 分野에 依하여 推得하다.

一六이 所臨된 宮은 혹 가물다가 비 올 뜻이 많고 二七이 所臨宮에는 혹 비가 온다 하나 개이는 날이 많다.

時干이 空鄉에 떠러져 있으면 晴陽이라 본다. 天盤 壬癸 一六이 所臨한 宮은 雨期로 보니 乾宮이면 庚日戌亥日로 보고 离宮에 臨하면 丁巳午日로 보고 兌宮에 臨하면 辛日酉日로 본다.

그러므로 丙丁二七 所臨宮을 보아 旱期로 하되 위의 法으로 推理하여 보라. 먼저 보이는 날의 干과 다맞 支를 가지고 비오는 日辰을 決定하게 된다.

冬至 後는 壬이 所臨의 日 및 相沖되는 날로 그 分野의 비가 오는 것을 定하게 되고 夏至後는 地盤에 癸가 所臨된 날 및 相沖되는 날의 分野를 보아 비 오는 것을 定한다.

艮宮에 臨하면 丑寅日이며 丑寅方이라 한다. 時干上 戊己庚辛丙丁 二七四九五十은 晴하고 旱한 것으로 斷定하라. 그러하나 局內에 壬癸一六이 所臨되는 날과 所臨되는 땅에 반드시 비가 오고 或 陰晦하기도 한다. 土金이면 가랑비가 오고 火가 된면 음침하기만 하고 비가 안온다. 이는 時干으로 論하라.

每日 奇儀門數가 入中하고 入中된 此日 此局에 一六이 壬癸을 만난 者는 비가 오고 二七이 丙丁을 逢하면 晴한다. 乙日인 乙이 中宮에 들어가고 天地盤門數가 中宮에 들고 丙日인 丙이 中宮에 들고 丁日인 丁이 入中하면 다 晴함이라 한다.

時干上 一數는 壬日이요. 六數는 癸日이요. 三八은 甲乙寅卯日이요. 五十은 戊己 辰戌丑未 日이나 다 먼저 보는 날의 干과 支로 定하고 時干天地盤으로 아울러 決定한다. 만일 癸가 离에 臨하고 癸가 丁日에 臨하고 己가 坎에 臨하고 己가 壬日에 臨하면 비가 오는 것이라 한다. 例를 들면 壬癸日이 离본다. 壬癸가 旬空이 되면 對沖이 되는 날에 비가 오는 것이라 한다. 壬癸가 對沖되어 空亡되면 解空되는 날에 宮에 있어 空亡이 되면 子日에 비가 옴이라 한다.

비가 온다. 함이라 壬癸가 乾宮에 있고 辰巳宮이 空亡되면 辰巳日에 비가 온다. 그러나 一節內은 半陰半陽으로 보고 다시 壬癸가 加臨되면 壬癸日로써 비 오는 것을 決定한다. 時干이 休衰宮에 있으면 冲이 되는날에 비가 온 것으로 본다. 時干이 休衰宮에 있으면 冲이 되는날에 비가 온 것으로 본다. 時干이 旺相宮이 되면 卽日에 비가 온 것으로 본다. 例를 들어 离에 臨하였다면 冲되는 子日을 가리킴이다.

四九庚辛은 안개라 하니 時干上에 四九가 臨하면 四은辛日이요、九은 庚日이니 이날에 안개가 끼는 날이다. 그러니 春多은 서리가 오는 것으로 보고 夏와 秋는 안개와 이슬로 본다. 例를 들어 震宮에 있다면 乙日이나 卯日에 안개가 낀다는 것이다.

비가 올 때라도 各各 다름이 있으니 이 비와 저 가뭄이 역시 다름이 있다. 그러므로 東쪽은 많고 西쪽은 적으니 區別이 있고 이 所在地方의 分野에 따라 비가 오기도 하고 구름이 끼기도 하니 다시 旺休生克을 加減하여 分數하여야 한다

대개 節入 日時局으로 그 一節內의 陰晴을 보아 그 비 오는 日時를 알게 된다. 再次로는 地域의 分野를 미루어 大小를 分別하니 오직 學者의 參量에 있다 하겠다. 金이라 하는 것은 水의 母가 되고 木이라하는 것은 火의 母가 되니 五行으로 論하면 金이 所加됨을 물이라 하고 그 水가 있어도 文書官鬼도 비라 하니 우리나라 艮上數에 一六水를 얻으면 비가 옴이라 한다. 四九가 中宮에 入하였으나 우리나라 艮上數에 二七火를 得하면 旱함이라 한다.

五十土가 中宮에 入하고 우리나라 艮上數에 二七火를 得하면 亦是旱함이라 하니 대개 時干數로 天下의 陰晴를 決定한다. 艮寅奇儀星數로 우리나라의 陰晴을 定한다. 艮上 奇儀星數가 中宮에 들어 다시 布局을 하면 우리나라 어느 곳이 비가 많이 올 것을 알게 된다. 그런 뒤에 다시 刑剋空亡等을 參考하라. 二七 所臨된 宮은 비록 비가 오나 비가 적고 一六이 加된 地域은 비록 旱하나 旱이 小하다. 我邦數가 비록 一六이 되나 空亡되면 비가 적다. 만일 一六이 와 克하면 비가 많다.

乙은 風이므로 木에 入하면 바람이 많고 壬癸는 눈이라 하기에 六水에 들면 눈이 많이 온다.

만일 癸水가 時干에 加하면 그 節內에 그 分野를 보아 눈이 많이 오는 것을 알 수 있다. 風 多하게 되는 것은 中宮에 木이 動하거나 木이 乘旺居旺受生兼旺함이라 하겠다. 甲이나 三이 震宮에 加臨하면 雷動 霹靂이 있으니 그해에 天動이 甚하다 한다. 雷動 霹靂 殺은 正寅, 二亥 三辛 四巳하여 五月에 다시 寅으로 도라 오니 復始함이라 한다. 景英丙丁과 十土가 己上에 驚門에 二人 火가 二九宮에 臨하면 번갯불을 보게 됨이라 한다. 모이면 위와 같이 본다.

水驗

癸酉年 辛酉月 戊申日 八月十四日 戊午時 白露 處署下元 洪九局 時干上의 癸字가 있는 故로

癸日에 큰 비가 왔는데, 傷門이 臨하였으므로 水害가 많아졌다 함이다.

丙申年 乙未 壬戌 六月十日 癸卯時 大署下元 四局 洪局 時에 癸一六이 壬時干을 冲한 故로 甲日에 비로소 비가 오기 始作함이라 한다.

旱驗

甲戌年 庚午 乙卯 四月十八日 癸酉時 芒種 上元 六局 洪局 天英이 合下하여 六丁 景門이 時干坤上二火에 臨한 故로 一節이 다 가뭄이라 한다.

丁酉年 丙午 庚辰 五月 四日 庚辰時 芒種上元 六局 洪局에 丙丁이 二火를 만나고 時干이 七火를 逢하여 對冲되나 能히 冲하지 못하므로 一節이 다 가뭄이라 한다.

二、洪局 年事

每年 正月一日에 年月日時 數로써 天下의 局을 成하니 假令 立春이 正月 元後면 써 寅月數를 不用하고 丑月의 二數로 論한다. 그런데、甲一 乙二 丙三 丁四 戊五 己六 庚七 辛八 壬九 癸十 子一 丑二 寅三 卯四 辰五 巳六 午七 未八 申九 酉十 戌十一 亥十二數로 計算하여 成局한다. 立春이 年前十二月에 入하면 寅月로 論한다. 或云하되 그해 一月一日 그대로 보아도 된다 하였다.

登國하면 登國된 年月日數로 合計하여 日辰數를 玩求하여 基本數를 하니 旺이 되면 千年이요상이 되면 百年이 되고 休가 되면 十年이요. 死囚가 되면 單零으로 計算하니 日上數가 一이면 一이요 二면 二로 보니 여기에 準하여 千百十 零을 基數로 하라 함이다.

우리나라는 艮寅에 屬한 故로 天下의 局中에서 艮上數를 다시 中宮에 入시키어 布局하면 우리나라의 全國 吉凶을 論하게 됨이다. 九太白과 七熒惑이 있으면 不吉하게 되니 이것이 旺하지 아니하여야 한다. 旺하면 더욱 복잡하게 된다. 金은 兵이요, 火는 亂을 主張하니 詳細히 보라.

年局內에 金火가 鬼로 되고 鬼가 旺하면 이해에 兵亂이 일어난다. 月局內에 이와 같으면 이 달에 兵亂이 일어나고 日局이 이 같으면 이 날에 兵亂이 일어나고 時局이 이 같으면 이 時에 兵亂이 城下에 當到하게 된다. 金火鬼가 旺地에 居하면 逆賊이 나온다.

金鬼가 旺하면 의심할 것 없이 兵禍가 일어나고 火鬼가 되어 旺하면 의심없이 亂이 생긴다. 그 中에 申酉地에 있으면 居旺이 됨이라 한다. 當歲의 旺을 받아 太歲上에 있거나 日鬼가 되면 의심없이 兵亂이 온다.

金鬼가 動하면 兵이요. 火鬼가 動하면 逆이라 한다 金鬼가 四九를 逢하면 兼旺이라 한다.

二七이 二七을 逢하면 兼旺이요. 그런 中에 己午未宮에 있으면 居旺이라 하니 當歲의 旺을 받아 太歲上에 있는 者 또는 日鬼가 되는 者는 禍가 이어난다. (四九金이 旺旺하나 歲日鬼가 아니면 兵禍가 아니고 다른 禍라 하겠다)

어느 곳에 무슨 姓인가를 알고저 하면 生剋 相比로 推知하라.

鬼가 受剋하면 鬼冲方에서 起하고 鬼가 受生되면 鬼方에서 일어난다. 中宮에 動하면 어떻게 되는가? 만일 火면 火姓이요. 水면 水姓이라 한다.

歲가 中宮에 있어 鬼가 되면 이것역시 兵火가 일어나니 金火를 도우면 더 무섭다. 오직 仔細하게 보라、 局內에 子孫이 兼旺居旺 되나 絕地에 있으면 中宮에서 動하면 兵逆이 일어남이라 한다.

雙火 雙金鬼가 中宮에 居하면 虛驚만 되나 歲宮이 塡實하면 再起된다.

鬼가 空亡되면 氣弱하나 解空되는 달에 害가 있다. 鬼가 兼旺되면 空亡이라 論하지 않는다.

鬼가 受剋하면 敵을 破하고 끝에 가서는 平和되고 子孫이 旺하여도 敵을 剋하게 되고 鬼가 剋하고 絕地에 臨하면 敵을 破하고 墓死地에 있어도 亦是 敵을 破하게 된다.

歲가 鬼를 剋하면 鬼가 비록 兼旺되나 敵을 剋하고 天盤에서 鬼가 剋을 받아도 이와 같다.

雙火鬼 雙金鬼가 中宮에서 動하고 歲에서 助함을 받으면 兵火가 더욱 凶하다. 火金鬼가 中宮에서 動하고 天盤에서 生을 받는 者는 兵亂이라고 본다.

雙火 金鬼가 旺地에 居하고 歲支가 旺하여도 敵을 剋한다. 鬼가 비록 兼旺되고 居旺 되나 絕地에 있으면 中宮에서 動하면 兵逆이 일어남이라 한다.

單火鬼라도 中宮에서 動하면 兵逆이 일어남이라 한다.

歲가 月을 助하는데에 月鬼가 되면 宰相 地位 가진 사람이 逆賊을 도모한다. 이유는 月을

卿大夫라 하는 까닭이라 한다.

鬼數를 逆으로 歲支에 至하여 一이면 一月이요 不然이면 壬月이라 한다.

鬼數를 中宮에 入시키어 逆數하여 歲支上에 오면 當到되는 數를 計算하니 假令 一數이면 一月이요、또 壬日이 됨을 말한다.

干數가 逆으로 鬼宮에 至하여 一이면 一月에 逆出한다고 본다.

單火金이라도 干數가 逆數로 計算 鬼宮에 至하여 그 數가 一이면 一月에 逆出함이라 한다.

太歲를 人君父母에 屬하고 또는 殿階라고도 한다. 歲가 剋을 받으면 임금에게 근심이 있다. 天盤에 四九가 地盤 四九金과 逢合하면 雙金殺이라 하니 雙金이 父母가 되면 君王이 喪亡하게 되고 妻財子孫이 되면 臣民이 喪亡하게 된다.

太歲와 父母가 人君이 되니 위에서 剋을 받으면 임금에게 근심이 있게 되는 것이라 한다. 雙金은 惡殺이 되므로 六親宮에 닿는대로 喪亡하게 되는 것이라 한다.

雙金이 父母가 되어도 陰陽으로 分하여 君과 民을 區分하니 陽歲에는 임금이 喪亡하고 陰歲에는 人民이 喪亡하게 된다.

火金이 歲中에 싸우면 임금이 喪亡하고 父母가 空亡되어도 亦是 그러하다.

火金이 歲支와 中宮에 있어 相戰하거나 둘이 서로 上下에서 剋하여도 임금이 喪亡하고 父母

가 空亡되며 凶門卦를 만나도 亦是 그러하고 歲上 父母가 空亡되어도 君王이 喪亡함이라 한다.

絶命이 中宮九金을 돕고 또 歲上의 父母를 剋하고 絶命이 그 해의 歲九金을 助하며 中宮父母를 剋하면 다 國喪이 나는 것이라고 본다.

父母가 歲나 中宮에서 動하여 絶命을 만나면 王妃가 死亡하니 이것을 陰陽으로 分하게 된다. 王妃와 人民과는 陰年으로 同一하게 되니 陰年은 위와 같이 본다.

陽年 父母가 中宮에 動하면 王家에 무슨 일이 있으니 克되고 絶休가 됨을 만나면 慘變을 만나고 生氣나 福德을 만나면 慶事가 있다.

父母가 中宮에 動하면 歲宮을 보니 歲宮이 絶體를 만나면 慘變이 있고 生氣福德을 만나면 임금에게 子孫의 慶事가 있다 함이다. 또 이르되 中宮에서 動하였는데 두번째 歲를 剋하고 月建이 歲를 冲하여도 凶하다. 歲가 時支의 庫가 되어도 凶하고 歲가 空을 만나고 剋을 만나고 文과 官이 空을 만나고 또 日支가 空을 만나고 또 年이 克되어도 모두 나라에 슬픈 일이 생긴다.

時支가 剋歲하여도 凶하고 葬이 되어도 凶하고 歲子孫이 兼旺하여도 君王이 生男하고 歲子孫의 子孫이 兼旺하여도 生孫하나 或休門을 만나면 産後에 바로 죽으니 壽하지 못함이라 하겠다.

歲數로써 보게 되니 歲의 子孫이 兼旺居旺하면 君王이 生男하고 歲子孫의 子孫이 兼旺居旺하

82

여도 君王이 子孫을 보게된다. 歲宮支數가 日이 되어 있으며 子孫이면 子孫의 子孫이라 한다. 國喪의 應期를 알고저 하면 父母數로서 推知한다.

父母數를 中宮에 入시키어 逆數로 烟局 地盤庚上에 至하니 헤어 가는데 一에 終하여지면 壬月이라 한다. 또 이 月數를 中宮에 入시키어 絶命上까지 至하여 一數면 壬日이요 六數면 癸日이라 한다. 絶命인 對冲宮에 死門을 보면 이 死門上數로 決한다. 地盤庚이 空되는 때는 天盤庚으로 決하고 歲가 絶命을 만나 喪門이 되면 卽 絶命上數로 決하고 庚으로써 決하지 아니한다.

烟局에 이르기를 正月 一日 上中下元으로 奇儀를 分布하여 再次 艮上地盤 奇儀數를 中宮에 入시키어 布局하니 直符가 日干上에 加되면 直使는 日支에서 찾으니 天盤庚이 어디 있음을 알아야 한다. 地支數를 逆數 日辰上에 至하여 一이면 子日이요 二이면 丑日이니 父母를 剋者가 一數면 子時요 二數면 丑時라 한다. 月支는 卿臣에 屬하니 吉凶을 보아 歲事를 이로써 알 수 있다.

日支는 人民에 屬한다. 그리고 年의 凶豊은 日辰의 受生과 兼旺으로 보니 受生되면 人民이 豊樂하여 喜喜하다. 그러므로 비록 雙火가 歲를 助하여도 凶荒에 이르지 아니한다. 歲가 日을 生하면 豊樂하며 中宮이 克한다 하여도 亦是 慘害되는데까지 이르지 아니한다.

歲가 中宮을 助하고 日을 生한 者는 吉하고 또는 生氣福德이면 가장 吉하다. 歲가 日을 生하고 日이 生을 受하여 兼旺되면 吉한 것이 이해 以上 더함이 없다. 이에 反對되면 凶荒하게 된다.

歲와 日이 함께 生을 受하고 兼旺하면 國泰民安하다. 그러므로 可喜라 하겠다. 他의 生克은 論할 必要가 없다. 日辰이 克을 受함을 逢하면 飢疲하지 아니하면 死亡하게 된다. 歲가 日을 克하고 日이 克을 受하면 凶이 이해 以上 더 凶함이 없다. 日이 死傷絕禍를 逢하면 分野에 克을 受하면 나라에 근심이 생기고 백성이 困하게 된다. 日空의 上下에 七火가 있으면 疾病으로서 死亡者가 該當되는 곳에 가장 사람이 많이 依하여 該當되는 곳에 가장 사람이 많이 傷하게 된다. 歲宮의 水가 日宮의 火를 剋하면 사람이 水災로 因하여 많이 죽는다. 歲宮이 土가 되어 日宮의 水를 剋하면 사람이 많이 흙에 묻혀 죽는다. 官却方으로 가면 死亡하게 된다. 避할 곳은 父母所臨의 方이 吉하다 함이다. 護我方은 安穩한 곳이 좋다 하겠다.

戊己五十은 벼와 곡식이요, 甲乙三八은 木棉 및 果類요 丙丁二七은 草 鹽 藥類요 庚辛四九는 보리 종류와 누룩이요, 壬癸一六은 魚 藿類라 한다. 麻는 土木에 屬하고 鹽은 水火에 屬하고 또 이르되 참깨는 木에 屬한다. 또 麻는 震에 屬하고 鹽은 离에 屬함이라 한다. 다 生克 衰旺으로써 미루어 보니 衰絕에 있으면 成長하지 못하고 生旺宮에 하면 吉하다. 上下가 相比(例一一)하면 잘 자라고 上下가 相克되면 欠損되니 오직 生을 受한 者는 가장 吉하다.

84

오직 克을 受한 者가 가장 凶하니 生을 受하고 衰地에 있으면 이러한 類를 全凶이라 하지 아니한다. 克을 受하나 旺地에 屬하면 이러한 種類에 對하여는 全吉이라 하지 아니한다. 生을 受하고 兼旺 되면 國家가 平安하고 豊年 되므로 좋은 것이라 한다.

中宮이 一局에 動機가 되니 歲月과 相較하여 歲를 剋한 者는 凶하고 또는 中宮에 火가 歲宮의 金을 剋하면 牟麥이 凶하다. 비록 金이 旺地에 있으나 死하기 어렵다. 歲를 生하면 吉하다 하였다.

비록 衰絕에 居하여도 善長하는 수가 있으니 中宮이 克하는 것을 詳細히 보라. 傷 死絕이 되는 것이 凶함이라 한다.

月을 克하는 者는 災殃이 發한다. 水鬼가 動하면 水災가 있고 (歲와 中宮이 水가 되어 日火를 剋하면 사람이 물에 많이 죽는다) 土鬼가 動하면 土災가 發生하니 대개 疾病이라 한다. 木鬼가 動하면 風災가 있고 金火가 動하면 逆敵이 出한다. 金은 霜災도 되고 虫災라 하며 火는 旱災라 한다. 歲는 一年의 主官이라 하니 生하면 吉하고 克하면 損한다. 衰絕에 있으면 凶하다. 歲가 生되면 오직 凶荒을 免한다. (金이 衰地에 居하나 歲가 克하면 吉하다. 歲가 中宮을 助하여 生함은 吉하다 (例 歲助金하면 牟麥이 善長하고 木이라면 綿麻等이 善長함이라 한다) 歲가 助하나 中宮이 克하면 凶하고 中이 歲를 助하며 歲가 또 生하여주면 大吉하다. 中宮이 助하나 歲가 剋하면 凶하다. 그러므로 그 分野를 보아 論하라. 動中이라 하는 것은 一國을 統論함이다. 雙火 雙金이 局에 있으면 陰歲면 彗孛라 하고 陽歲라 하면 災孼이라 한다. 雙水면 水가 많다는 것이다. 雙火면 旱한다. 雙者가 惡星이 될 경우에 歲가 助함을 得하면 百穀이 다 그 災殃을 입는다. 例컨대 雙水를 助하면 大吉한다. 雙火를 助하면 大旱을 被한다. 雙金이 中宮에 動하여 歲가 助함을 得하면 水災면 반드시 非常한 災殃을 본다는 것이다. 雙金이 中宮에 動하여 가장 凶하다. 水災면 반드시 非常한 災殃을 본다는 것이다. 生剋으로써 年歲의 凶荒을 보니 雙印 雙兄이 되면 豊樂이 오고 면 虫災가 一國에 遍滿한다.

雙官 雙財가 되면 災孼이 옴이라 한다.

또 이르되, 財가 動하고 子孫이 動하면 穀類에는 利하고 兄과 鬼가 動하면 灾殃이 發生한다.

五는 太에 屬하고 十은 벼에 屬하고 四는 牟에 屬하고 九는 麥에 屬하고 八은 苧麻요、三은 綿이요、七은 南草요、三은 鹽이요、一은 北魚요、六은 粟이요、또 이르되 藿이라 하니 上下가 相比하여 生하면 大吉한다. 死門 絶命이 가장 凶하니 모두 이 사이에서 찾으라. 水火가 局內에 相加되면 비 오고 가뭄이 分明하다. 水는 비가 되고 火는 旱함이 된다. 歲와 中宮과 日의 生剋을 보면 木風 土霧 金霜이니 이것이 水旱의 應期를 알고저 하면 各時月을 보아 알게된다. 火鬼가 되면 旱하고 水가 되면 비가 온다.

대개 雙火가 中宮에 動됨을 보면 火旺月로 보고 雙金이 中宮에 動하면 金旺月로 보고 雙水가 中宮에 動하면 水旺月로 본다. 또 이르되 水火가 行하는 時節로 期限을 하니 雙火 雙金 雙水가 局內에 있으면 그의 應期를 잘 알아야 한다. 火는 火로서 中宮에 入시키어 逆數로 至하여 一六에 該當하면 一六月이라 하니 五行이 다 이 理致로 應期를 보게 된다.

만일 歲上에 있으면 歲支에 到하는 달로 決定한다. 其他의 水旱이 다 같으니 火가 所臨된 地인 그 달에 旱하고 水가 所臨된 地인 그 달에 비가 온다. 만일 中宮에 干이 火요 支가 水라면 先은 旱하고 後는 雨라는 뜻이다. 天干이 水요 地支가 火라면 先은 雨하고 後는 旱함이라 한다. 彗孛의 期는 雙火金으로 的期를 하니 火金이 入中하여 逆으로 鬼宮에 至하여 一이면 壬月이니 鬼方에서 나오게 된다.

歲와 中宮이 日과 生克되면 그 制化를 보아 堪定하라.

歲가 中宮을 制하고 中宮이 歲鬼를 制하면 凶이 되나 救助됨이다.

고 中宮이 歲父母를 克하면 我를 助하여 주나 助함이 없다.

歲가 子孫을 制하고 官鬼가 일어나면 凶孽이 暗動함이라 한다.

이 歲財를 制하면서 人民이 먹을 것이 없게 된다. 中宮이 歲를 助하고 歲中이 日을 生한者 歲가 中宮을 助하고 歲中이 財歲를 助하면 年豊되고 民가 中宮을 助하고 歲中이 日을 生한者 歲가 中財를 助하고 中宮이 財歲를 助하면 年豊되고 民樂하게 된다.

年月日 作局 用長上數 經驗

戊申 七四歲
　　 二九官
　　 三八鬼

甲寅 十一父
　　 九二孫
　　 八三世

甲子 五六父
　　 六五才
　　 一十月日

己未 四歲
　　 鬼四
　　 九九官
　　 十八世

乙丑 七一父
　　 六二孫
　　 五三兄月

辛亥 二六父
　　 三五才
　　 八十月才

斷에 이르되 九金이 旺地에 居하고 또는 歲旺이 되어 歲上에 서 있으며, 火金이 歲中에서 相戰되니 兵火가 반드시 鬼冲方에 일어난다. 그러나 鬼가 中宮에서 克을 當하니 끝에 가서는 平定하게 됨이라 한다. 護我方은 巽离方이므로 全羅京畿道가 避亂의 곳이 되어 平安하였다 함이다. 中宮의 子孫이 火가 되므로 火姓으로 主將을 하고 木姓으로 後將軍을 함이 可함이라 하겠다. 이 해에 木姓인 權喜學이 中軍都執事가 되고 朴文秀가 運粮官이 되어 沃川에 至하여 前進하다가 敵에 所欺한 바가 되었다.

斷에 이르되 四九官鬼가 四九로 合하여 또 旺地에 있고 歲上에 서 있으니 兵火가 鬼方에서 반드시 일어난다. 官鬼方이 雙金으로 陰歲에 있으니 彗孛됨이라 한다. 十二月의 日의 子兌方에서 敵이 出하였다. 護我方은 离巽方이 되므로 직 京畿 全羅가 避難處가 되어 平安함이라 한다. 歲上에서 火가 되므로 火姓을 用하여 主將을 시키니 이 해에 鄭萬碩이 大將으로 就任하였다.

烟波年局

己亥　五　八　十三　一
丙寅　八　五　七六　六二
戊戌　三十　四九　九　七
　　　　　　　　　　　　四

斷에 이르되 局에 雙金이 있고 中宮에 水鬼가 動하여 非常하므로 百穀이 不成하고 五土는 太에 屬하는 데에 死絕을 逢한 故로 太가 尤甚하고 東北地인 農土가 空亡되며 雙金이 並現하여 陰年이 되므로 彗孛하여 災로 됨이다.

立春이 丑月二十一日이라면 正月까지 十數를 加한다. 立春이 正月初十日에 들었다면 九日數를 減한다. 무슨 原因인가 正月一日을 爲主하는 所以라 하겠다. 그러므로 一日의 一數까지 除한다.

또 이르되 九宮이 各方에 다 本數가 있으니 中宮에 入시키어 變하여 本方의 局을 作하고 八門이 또 中宮에 들어 乾宮으로 出한다.

대개 正月一日의 年月日數를 合計하고 다시 立春日數로써 加減하여 九를 除하고 零數를 取한다. 만일 立春이 去年 十二月이면 現在 正月一日부터 去年 十二月 立春日까지 몇 날인가 보아 合計하여 九로 除하여 零數를 取하고,

만일 立春이 正月一日 後에 들면 年月日 數를 計算하여 그 立春日까지 減한다. 그리고 餘數로 九를 除하고 餘數로 零數를 取하여 이 局으로써 天中의 大勢를 본다 (或云하되 立春加減法을 不用하여도 可하다 하였다).

立春의 加減法은 地支數만 相對하여 適用함이라 하였다.

우리나라는 天下의 局中인 艮寅上에 屬하였으므로 艮上數를 推得하여야 함이라 한다.

二七이 艮上에 加되면 大旱이 있고 一六이 艮上에 加되면 大水가 있다. 四九가 艮宮 上下에 相剋되면 兵戈 그렇지 아니하면 疾病이 있게 된다. 三八이 艮上에 加되면 蝗災와 虫變이 있다. 庚이 加하면 災禍가 생긴다. 이러한 中에 上數가 下數를 克하고 上干이 下干을 克하고 門卦가 다 凶함이다. 天地盤을 勿論하고 太白인 庚金이 加되면 凶하다.

元日이 어느 節의 무슨 元에 屬하는가를 보아 上中下元으로 分野한다. 即 元朝日로 法을 하니 直符가 항상 日干에 加한다. 八門이 매양 元日을 따라 일어나니 이로써 推得하라.

우리나라는 艮寅에 屬한 故로 다만 艮上을 좇아 三吉門을 推得하니 三奇가 艮官에 到하면 大吉하고 丙庚이 艮에 加하면 凶門卦가 모이면 大凶하다.

또는 艮上의 所得數를 入中시키어 順坎하여 洪 무슨局으로 福德이 어느 곳에 비추었으며 禍害가 어느 곳에 비쳤는가를 보아 우리나라 八道에 어느 곳이 吉하고 어느 곳이 凶함을 알게 된다.

또는 艮上地盤에 所得한 奇儀數를 中宮에 入시켜 順乾하여 即 元朝日로써 다시 法則을 지어 直符가 항상 日干에 加되고 直使가 日支位를 隨한다.

또 艮上地盤 所得門으로써 入中시키어 出坎하여 順行하니 만일 生門이 入中하여 出坎된 者는 即生門이다. 傷門은 乾에 到하고 杜門은 震에 到하며 景門은 坤에 到하고 死門은 艮에 到하며 驚門은 兌에 到하고 開門은 巽에 到하고 休門은 离에 到하는 例라 한다.

또 艮上天任이 入中하여 英은 乾에 到하고 蓬은 兌로 가며 禽은 坤으로 가고 心은 离로 가며 甫는 坎으로 가고 柱는 巽으로 가니 이는 우리나라의 九星地盤이라 한다.

東方九星圖

五禽	一蓬	九英
三冲	八任	四甫
七柱	六心	二芮

奇儀八門九星을 다 列布함을 得하니 아울러 洪局卦와 數를 合하여 우리나라 三百六十州의 어느 곳이 어떠한가를 論한다.

例 正月一日이라면 寅月이 되고 甲子戊가 坎에 在하면 坎上에 甫星이 日干丙子宮에 加하니 布宮의 吉凶을 보라 太白이 中宮에 入하면 荒凶이 아니면 兵喪이 난다.

任星이 中宮에 들면 위와 같으니 中國의 局에서 艮上별이 任인 故로 中宮이 任이라 한 것이다. 假令 甲子符가 坎에 있으면 天甫星을 取한 것이니 甲符가 日干에 加됨이다.

歲干은 人君에 屬하고 月干은 人民에 屬한다. 歲干上에 死門 絶命을 逢하면 그 해에 國哀가 出하게 된다. 또 歲干이 芮星宮에 臨하면 역시 한 가지다. 歲干이 中宮에 入하고 空鄕에 臨하면 다 나라에 慘事가 있다. 歲干이 中宮에 들고 遁이 甲符中에 있으면 (이는 伏吟이라 한다) 다 空亡으로 본다. 歲干이 空亡되면 이는 空國의 象이다. 만일 一國의 凶荒을 보지 아니하면 반드시 兵亂으로 본다. 死門 絶命을 보면 國哀가 出하게 된다. 만일 歲干이 空이 아니고 死門 絶命을 逢하면 다만 國憂가 있다. 生門이 歲干에 있고 落空이 되면 國家에 근심이 있다. 上干이 下干을 克하여도 亦是 그러 하다. 太白이 歲干에 加하여도 亦同하다. 三吉門이 歲干에 加한즉 나라에 慶宴이 있다. 英柱가 加臨되면 國憂가 있고 또 이르되 伏吟反吟도 다 孝服을 主한다. 生門이 生氣方을 逢하면 더욱 吉하고. 死門이 絶命의 方을 逢하면 더욱 凶하다. 門卦가 各各 吉도 各各 凶도 있으니 吉凶이 各各 있음이라. 丙庚의 地을 逢하고 凶門卦를 加하면 그 달이 가장 凶하다. 辛이 虎를 逢하면 그 달이 그 分野에 벌레가 많다. 그 分野을 보라. 丙은 勃이라 하고 慧에 屬하므로 丙이 禍害의 鄕에 있으면 그 달 그 땅에 慧星이 出함이라 한다. 九宮內에 太白이 凶門卦를 逢하면 반드시 喪慘의 禍殃이 있게 된다.

太白이 歲에 加되면 國君에 喪이 있고 上干이 歲干을 克하면 國君에 근심이 있다. 대개 干의 禍殃은 다 天盤太白을 從하는 故로 天下의 數가 中宮에 入하여 逆으로 离艮에 至하여 天盤太白에 到하면 凶月이 됨을 알게 되는 것이다. 써 庚數가 中宮에 入하여 天盤歲干에 至하면 凶日임을 알게 됨이라 한다.

戊己五十土는 禾穀類요, 庚辛四九은 牟麥麴類요, 丙丁二七은 草鹽 藥類요, 甲乙三八木은 木綿 苽果類요, 壬癸一六은 魚蘿類요, 麻는 土木에 屬하고 鹽은 水火에 屬한다.

局中에 天盤戊己가 五十土를 逢하면 禾穀이 吉하고 그 分野에 該當되는 그 땅이 吉하다.

이 宮이 만일 死絕을 逢한 者는 도리어 凶하게 된다.

庚辛이 四九金을 逢하면 밀과 보리가 풍년이 든다.

壬癸가 一六을 逢하면 江海에 있는 物件이 吉하고

甲乙이 三八木을 만나면 木綿 苽果類가 吉하고 丙丁二七이면 南草와 鹽藥物이 吉한 것이 많다. 다시 旺休 盛衰로서 그 豊凶을 論하니 禾穀이 어느 곳에 吉凶됨을 알고저 하면 子午로서 그 豊年을 決定하고 卯酉로써 그 凶年을 決定하니 即 天盤戊己와 地盤五十이 旺宮에 있으면 禾穀이 大豊되고 戊己五十이 死宮에 있으면 禾穀이 大凶하다. 대개 土의 起胞法이 둘이 있으니 하나는 巳에서 起하여 子에 旺하고 卯에서 死한다. 하나는 亥에서 起하여 午에 旺하고 酉에 死하니 둘이 다 理致가 있는 것이다. 그러므로 天盤 戊己五十이 子午에 있으면 大豊이 들고 卯酉에 있는 者 大荒한다. 十數가 中宮에 入하면 亦是 不長한다. 門이 宮을

剋하면 虫과 風의 害가 있다.

戊己五十이 天盤과 地盤을 兼한 뒤에 勢가 큰 故로 天盤戊己五十이 三宮에 落在하면 크게 凶하니. 此格은 東南이 크게 凶하다. 天盤戊己五十이 兼하여 地盤五十戊己을 가지고 七宮에 있으면 크게 大凶하니 이 格은 크게 西北이 大凶하다. 戊己五十土가 旺處면 豊年들고 死處에 있으면 凶하다. 無旺 無死되면 이 해는 平平하다. 그 中에 凶門卦를 逢하면 더욱 凶하고 吉門卦을 만나면 조금 減凶된다.

이 中에 單戊 單巳 單五 單十이 震兌宮에 臨하면 그 分野에 該當되는 땅을 보아 十分에 三은 凶하고 十分에 三만 豊年이라 한다. 單土는 孤單한 故로 그 勢力을 좇아 그 吉凶을 決定한다. 單土는 天地盤을 보아 歲干이 來臨하면 그 勢가 크다. 旺하면 一國이 다 豊年이 든다. 死하면 一國이 다 凶하다. 外로 絕墓空亡의 鄕이면 亦是 다 可히 分別할 수 있다. 또 그 中에 十干 十數가 十二鄕에 屬하되 그의 旺死를 分하여 그 豊凶을 論함이 可하다. 十土에 至함이 매양 加數를 從하는 故로 吉凶이 不明이라 한다. 이는 十二宮의 加된 數가 吉凶이 不明하다는 뜻이다.

天時篇下에 二十年前의 陰晴이 일일이 證驗된 바 있는 것을 보고 先生의 말을 믿을 수 있다. 우리를 속이지 아니하므로 古人이 虛言를 아니함을 탄식하겠다라고 後學들이 말을 한 것이다.

一事를 推理하면 萬緖가 自解한다。또 써 數十年前 이미 經驗한 바를 左에 書하여 後의 學者에게 眼目을 得하게 함이라 하겠다。

年年月日로 作局하여 艮上奇儀 經驗己巳年 丙寅月 辛酉日 洪二局 立春下元인데 乙丁奇가 生氣를 逢하여 우리나라에 生男의 慶事가 있고 十土가 驚門을 逢하므로 驚該할일을 지냄이라 한다。

歲前 十二月小 二日 辛亥 正一刻이 立春이니 翼宗이 誕生

三一辛	八七乙巳	九六丁丙
六九壬景巳	五十 驚	四一庚氣辛
一四戊景癸歸	二三壬庚	七八丙命傷

解에 이르되 局에 己土를 兼함이 없고 다만 太歲가 兌에 死함이 되며 單土의 勢가 不足하여 所以 一國이 다 凶함이라 하겠다。歲干이 死門을 逢하였으나 不空되는 故로 다만 나라에 근심이 있고 또는 福德을 보므로 다시 나라에 慶事가 있었다。

甲戌年 乙丑年 癸亥年 洪一局 大寒下元인데 庚이 庚을 加하고 驚門을 逢하니 數字의 九가 있어 衆金이 疊疊하며 辛이 되어 伏吟인 고로 다만 人民이 疾病으로 亡하고 곡식이 凶年들었다 함이다。

一 乙　六 壬　五 辛開　絕
八 丁　九 庚　十 丙驚
三 己　二 戊休　七 癸傷害

斷에 이르되 壬이 六을 逢하니 江海에 屬된다. 그러므로 吉多하다. 그러나 天盤戊土가 地盤戊土를 兼하여 震에 死하니 東南이 크게 凶하였다. 太白이 中宮에 入하니 兵亂이 아니면 凶荒한 故로 凶荒으로 斷한다. 日干이 空卿에 落在하므로 人民이 많이 飢死하고 木綿이 凶함이라 한다.

庚寅年 丁丑月 辛卯日 洪二局 大寒下元 庚下에 生門이요 休門에 戊土를 逢하니 禾類가 吉하다. 그러나 數는 七을 逢하고 火를 遇하므로 大旱하였다.

正月 十一日 辛丑 未正刻이 立春라.

庚寅 丁丑 辛卯日 三條를 合數가 모두 九數를 取함이다. 九數內에 十一日의 數를 어찌 除할 수 있는가. 그러므로 이 法이 먼저 立春을 놓고 立春 十一日에서 年月日 三條數 九를 除하니 二數가 中宮에 入하였기 中國 艮上數가 十이 되고 또는 艮上數가 入中하여 我邦 中宮數가 十으로 된 것이다.

二乙
　杜庚　七壬死　六辛生　斷에 이르되 壬一이 相逢하고 三八이 旺地에 居하며 六

九戊　十庚　一壬休　三이 相合하니 火木이 吉하다. 戊土가 午宮에 旺하므로 東
丁　　　　　　　　　　南이 豊年 들었다. 太白이 中宮에 入하였으니 凶荒이 아니
　　　　　　　　　　　　면 喪事라 하겠다.

四己　三戊絕　八辛　歲干이 坤에 寄하고 空卿에 落在하여
癸　　丙　　　癸　　또 乾에 歸하고 龍遁을 逢하니 國慘이 있음이라. 天盤을

逆하여 天盤庚에 至하니 至月이 됨이라 한다.

癸巳年 甲寅月 癸酉日 洪八局 中元인데 庚丙이 서로 火를 逢하여 天災가 甚하였다. 數가
六을 逢하여 六水를 得하니 災殃이 특히 甚함이라. 하물며 驚門까지 兼하겠는가? 이것은 先
入數로 論하는 것이다. 歲前 十二月大 十五日丁巳 辰時正下刻 立春이니 加十六함이다.

八乙　三辛　二辛　　斷에 이르되, 太白이 中宮에 入하므로 凶荒이 아니면 喪
壬　　壬　　丙　　　事가 있다. 歲干土上下가 相剋되니 國憂가 있음이라. 己土
五丁　六庚　七癸　　가 戊土를 兼하여 震宮에서 死하니 東南이 大凶하고 五土
乙　　癸　　丙　　　가 單으로 旺하여 生門을 逢하니 一部 南方은 免凶된 것이
十己　九戊　四癸　　다. 그러나 辛金은 旺하므로 보리 豊年이 들었고 歲干下에
丁　　己　　戊　　　芮星이 空을 만나지 아니하고 隱하였으므로 所以 國憂가 있음이라 한다. 卦가 伏吟이 아니면
　　　　　　　　　喪이라 論하지 아니한다.

三、商 賣 (百物의 貴賤 時勢高下 洪局物價評)

每年 生月 生日 生時로 作局하여 日辰 所剋된 者가 財가 되니 生養冠旺이 되면 財를 可取하게 된다. 庫絕胎가 되면 少財를 取하게 되고 衰病死에 臨하면 財를 취하지 못한다.

대개 金이 財가 되면 牟麥麵 金銀 刀 모든 鐵物等商業이 可하다.

木이 財가 되면 木綿 布帛 麻苧 果苽 藥類 紙物 모든 木物等이 可하다.

土가 財가 되면 禾穀等이 可하다.

水가 財가 되면 魚鹽 江海의 屬을 取함이 可하다.

火가 財가 되면 爐冶 南草 鹽 苦椒等을 取함이 可하다.

生旺의 月로 輕營함이 可하다.

만일 火財라면 寅卯月이라는 뜻이다. 或 三八月이라고도 할 수가 있다.

오직 生日의 月로 그 護我方을 取하니 대개 命局의 流年內에 그 數가 生旺에 臨하면 장사하는 것이 可하다.

庚辛四九가 坤兌에 臨하면 麥 牟麵 金銀 刀 鐵物等을 貿易하면 得利하게 된다.

丙丁二七이 离巽에 臨한 者는 南草 鹽 爐冶等을 貿易하면 得利하게 된다.

壬癸 一六이 乾坎에 臨하면 魚鹽 等을 貿易하면 得利한다.

甲乙 三八이 艮震에 臨한 者는 木綿 南草布帛 麻苧果藥物을 貿易하면 得利한다.

其他 戊巳 五十 土를 逢하면 穀商이 可하고

庚辛 四九 金類를 逢하면 麥麴 金銀錢 刀鐵物 等을 取扱함이 可하다.

또 天盤戊巳요 地盤에 庚辛을 逢하여도 貿易하는 것이 可하므로 利를 得함이라 하니 他類도 이것을 모방하라.

君子는 妄動을 하지 않는 故로 進退成敗를 안 뒤에 利用하게 됨이라.

時勢가 높은 物件이 있다하여도 나의 財에 通하는 것이 不合하면 하지 아니함이 可하니 만일 한다면 반드시 損傷함을 보게 되어 남는 것이 없다. 그리고 災殃이 家宅에까지 미치게 되니, 조심하여야 한다. 그러므로 나의 財數에 否泰를 보아 決定하다.

洪數卦로 우리나라의 三百六十州를 論하니 그 大市를 從하게 되므로 다 三七로써 法을 한다. 그러므로 每年 正月 七日 처음 세우는 장날로 法을 하니 그 해의 月日 三千支로 數를 合하여 洪局을 成하여 一年 物價의 貴賤高下를 본다.

立春이 正月 初八日 以前에 있으면 寅月建을 쓰고 正月 初八日 後에 있으면 去年 丑月建을 씀이라 한다.

五는 太에 屬되고 十은 米에 屬하고 九는 麥麴에 屬하며 四는 牟에 屬하고 八은 苧麻에 屬

하고 三은 綿에 屬하며 七은 南草에 屬하고 二는 鹽에 屬하며 屬한다. 木은 眞荏이요 水는 들깨니 이러한 種類로 推知하리라. 四九金은 金鐵物이라 하기도 한다. 各類의 旺을 보는 同時에 그 中에 吉門卦를 逢하면 이 해에 그 물건의 값이 가장 높게 된다.

만일 吉門卦를 不逢하여도 旺하면 값이 높다. 五十이 旺하고 吉門卦를 만나면 그 해에 穀價가 높고 一六이 旺하여 吉門卦를 만나면 魚鹽의 類와 江海의 物件이 價高하게 된다. 그 中에 六數는 穀物에 屬되는 故로 穀價가 높고 水任도 亦是 값이 높게 된다. 二七이 旺하고 吉門卦를 만나면 보리와 누룩과 金銀 鐵刀 모든 鐵物의 값이 높게 된다. 此類의 物이 吉門卦를 不逢하여도 高價라고 보나 最高度로는 볼 수가 없다.

上下盤 五十이 巳午宮에 旺하면 夏穀의 값이 높고 五十이 亥子에서 旺하면 多穀이 높다. 歲가 中宮을 돕고 日鬼를 生하며 中宮이 歲를 助하고 月鬼를 生하면 이 해의 物價가 高騰하다.

奇儀 門卦論에서 烟局의 天干도 旺하고 兼하여 吉門卦가 되면 價格이 特高한다. 비록 門卦의 吉을 不逢하여도 값이 보통 높다고 본다.

地盤이 旺하면 높아가기 시작되고 天盤이 旺하면 그 物件의 값이 最高에 달하는 것이라 한

100

다.

支數가 旺地에 居하면 冠旺되는 달에 와서 오르기 시작하고 干數가 旺地에 居하면 冠旺의 月에 至하여 物價가 最高로 上昇하게 된다.

干支가 兼旺되면 처음이나 끝가지 다 높다고 본다.

歲支가 旺하면 이 해에 값이 1年이나 높고 日辰이 鬼가 되면 1時는 값이 높게 된다.

旺한 中에 吉卦를 逢하면 當時에 값이 높고, 地가 旺하나 洩氣되면 끝에 가서는 헐하게 된다.

旺함을 보았으나 값이 높지 못한 것은 局中을 살피어 論하게 되니 局에 雙鬼가 있으면 百物의 값이 높다. 만일 局中에서 門卦의 吉凶을 不論하고 百物이 높다고 본다.

鬼가 中宮에서 動하여 生을 受한 者, 鬼가 旺地에 居하여 生을 受한 者, 鬼가 旺地에 居하여 兼旺한 者, 歲가 中宮을 助하고 中宮이 鬼가 된 者, 中宮이 歲를 助하고 歲가 鬼가 된 者, 歲月日이 歲中에서 月이 鬼가 된 者는 값이 높고 歲月이 다 같이 剋을 受하고 火金이 歲中에서 相戰한 者, 剋만 있고 全局에 生함이 없는 者, 凶門卦가 歲月에 臨한 者, 이러한 局이 되면 物價가 低落된다.

局內에 이러한 鬼가 있은 然後에 비로소 物價가 높다 한다. 그러나 鬼가 受剋되면 높지 못하다. 洩氣되면 혹 처음에는 높으나 뒤에는 下落됨이라 한다. 全局이 有剋하고 無生이라 하는 것은 九宮의 上下數가 다 相剋된 것을 가리킨다. 無一生이라 하는 것이 바로 이것이다. 이러한 中 一二處가 相比되어도 亦是 그러하다고 본다. 全局이 有生 無剋이라 하는 것은 九宮의 上下가 相生되어 하나도 剋됨이 없는 것이라 한다. 或 一二處가 相比되어도 全生된 것으로 본다.

父母가 中宮에서 動하여 生을 受하고 日이 旺地에 居하여 兼旺하며 歲가 中宮을 助하여 日을 生하는 者, 歲月中이 다 生을 生한 者, 歲가 月을 助하여 日을 生한 者, 歲月日이 旺하여 全局에 生이 있고 剋이 無한 者, 吉門卦가 歲日에 臨한 者, 이러한 局이 된 연후에 다 豊年이라 한다. 雙財가 中宮에 動하여 鬼를 助한 者, 歲中財를 助하여 鬼를 助하는 者, 또는 鬼를 助하게 되면 亦是 조금 값이 높다고 한다. 局內에 이렇게 生함이 있으면 豊年이 든다. 값이 平平한 것은 父母가 克을 受하고 歲가 剋을 受하면 값이 不平하고 鬼를 助하면 값이 높게 된다. 吉이 있고 凶이 있으면 둘중의 하나는 높고 하나는 낮으니 地盤에 一二三凶은 값이 낮고 兩三吉이 있으면 값이 높다. 子孫이 兼旺되어 鬼를 制하면 百物이 價高할 수 없다.

洪局 物價의 高低

己巳 二六 七一 八十
丙寅 五三 四四 三五
丁卯 十八 一七 六二

斷에 이르되 日月이 다 克을 受하나 鬼가 生地에 居하여 中宮에서 生을 受하여 旺地가 되므로 값이 높다고 한다. 上下에 五十土가 旺한 故로 夏多의 穀物이 다 값이 높고 四四金이 中宮에서 動하고 兼旺하는 故로 麥價도 높고 火가 또 歲旺을 受한 故로 南草鹽價가 높았다.

癸酉 二九 七四 八三
甲寅 五六 四七 三八
乙亥 十一 一十 六五

斷에 이르되 歲鬼가 旺地에 居하고 金火가 歲中에서 相戰되나 旺者는 高하므로 四九金이 旺하니 麥價가 높고 좋으나 끝에 가서는 값이 下落하였고 月이 兼旺되고 五十土가 旺하므로 夏穀價가 높았으나 끝에 가서는 下落되었다.

辛卯　三十　八五　九四
庚寅　六七　五八　四九
辛酉　一二　二二　七六

斷에 이르되 歲가 中宮을 助하나 日이 月을 剋하여 全局에 生이 無하므로 不宜하다. 그 中日은 開門을 得하였으나 歲가 旬空을 逢하여 不宜하고 子孫이 兼旺 하였으나 百物이 不高하 였다.

癸未　四六　九一　十　歲鬼　官　孫
甲寅　七三　六四　五　父　才　孫
丁丑　二八　三七　八二　父　兄　世
　　　　　　　　　月日

斷에 이르되 中宮이 歲를 助하나 日이 克을 受하고 歲月日이 相戰되므로 子孫이 兼旺하나 百物이 不高하였다.

四、烟局 物價評

正月 初七日의 年月日로 무슨 局을 잡아 무슨 節의 무슨 元에 該當되는가를 보아 奇儀와 星符를 布하고 日干을 主로 하며 또 直使가 日支位를 遁하여 吉凶을 論한다. 그러나 年局月局은 時를 不用하는 故로 直符를 日에서 加하게 된다. 日局은 時를 用하는 故로 直符를 時干上에 加한다.

天盤戊己癸가 旺宮에 臨하고 癸가 (坎宮에 臨하고 火가 离宮에 臨한 것을 旺이라 한다) 吉門卦를 逢하면 穀價가 特高하다. 天盤에 壬癸가 旺宮에 臨하고 吉門卦를 逢하면 布木 綿絲 苽果 麻藥 任等이 特別히 높다. 丙丁이 旺宮에 臨하며 吉門卦를 逢하면 담배 소금 고추 값이 높다.

庚辛金이 旺宮에 臨하고 吉門卦를 만나면 보리와 누룩과 金銀 鐵物等의 값이 높다. 戊土五土가 坎宮에서 旺하면 곡식 값이 多節에 높고 巳土 十土가 离宮에서 旺하면 夏穀의 값이 높다. 만일 陽年의 己土가 坎宮에서 旺하면 夏穀의 값이 높고 陰年 戊土가 离宮에서 旺하면 夏穀의 값이 높다. 또는 己土 十土가 坎宮에 加되면 겨울에 값이 特別히 높지 못하고 戊土 五土가 离宮에 加되면 夏穀의 값이 特別히 높지 아니한다. 그러나 前에 比하면 조금 높다.

또는 戊己가 五十土을 逢하고 庚申이 四九金을 逢하고 甲乙이 三八木을 逢하고 丙丁이 二

七火를 逢하고 壬癸가 一六水을 逢한 者는 다 時勢가 높다. 그러나 凶門卦를 만나면 도리어 헐하다.

또는 戊가 己을 逢하고 庚이 辛을 逢하고 甲이 乙을 逢하고 丙이 丁을 逢하고 壬이 癸를 逢한 者는 다 各各 시세가 높으나 吉門卦를 不逢하면 平平하다.

價가 지극히 높고 凶門卦가 凶門卦를 逢하면 값이 헐하여진다. 門이 吉하고 卦가 凶한 者는 먼저는 높고 뒤는 헐하여진다.

門은 凶하고 卦가 吉한 者는 먼저는 헐하고 뒤는 높다.

旺한 者가 아울러 吉門卦를 逢하면 값이 높다. 또 戊己가 五十土를 逢하고 旺宮에 있어 門卦를 逢하면 값이 三倍나 높게 된다. 各 旺數가 歲上數와 相剋 相比되면 값이 太高하나 吉門卦를 逢하면 春節에 높으면 秋冬節에 下落한다. 또 當日占으로는 아침에 높으면 저물게 下落된다. 그러므로 入中된 物價는 漸漸 높아간다. 三八이 中宮에 入하면 木綿과 果實 등의 값이 높고 空亡된 數는 出空되는 時期에 높아간다.

四九金만은 空되어도 더 값이 높게 된다. 무슨 理由인가? 金空則鳴 이라 하는 까닭이다.

假令 곡물은 待旺의 時期에 높아가고 出空되는 달에 높게 된다.

다른 種數는 七月 十一月 明年 正月 三月 五月 九月에 勢가 있게 됨이라 한다.

비록 水土는 同宮이라 하나 火土도 同胞의 理라 한다. 或 곡식이 높은 해는 담배값도 높다 한다.

旺과 死가 原理에 高歇이라 한다.

冠帶 衰病이 坎에 있으면 값이 높았다가 헐하기도 하며 生養이 되면 조금 기운이 있고 絕浴 墓가 되면 그 輕重을 參考하라. 대범 千萬物이 靜하면 冲되는 時期에 上昇한다. 冲되면 生하여지는 것이라 한다. 伏吟局이 되면 값이 太高되고 反吟局은 歲가 吉門卦를 得하여도 값이 높게 되지 않는다. 洪局은 먼저 무엇이 旺한가를 보아 값의 높음을 알고 무엇이 쇠하였는가를 보아 下落됨을 알 수 있다. 烟局에는 무슨 干이 旺한가를 보아 값의 높음을 알 수 있고 무슨 干이 衰하였는가를 보아 下落되는 것을 알 수 있다.

門卦의 吉凶을 보아 값의 高下를 알게 되니 空亡 刑冲 剋殺 等을 參酌하여 斷定하라.

太歲宮에서 正月을 보아 奇儀門數를 中宮에 入시키어 正月局의 如何를 살피고 局中에서 初一日을 일으키어 市日을 보니 奇儀門數가 中宮에 入하여 그 當市日局의 如何를 보라. 年으로서 月을 推하고 日을 推하니 年局은 各月의 奇儀數가 中宮에 入하여 烟局中에 旺함을 보고 어느 달의 경기를 알고 또 月局은 各市日의 奇儀數로써 中宮에 入시키어 어느 市日의 경기를 알게 되며 初一日을 이렇게 六市日을 計得함이다.

每局에 初二局으로 一月의 高下를 알고 每市日에 午를 加하여 當日의 貴賤를 알게된다.

每月의 初二라 하는 것은 初立 市日을 가리킴이니 初二日이 법으로써 定한 市日인 所以라

107

한다.

그 해의 年月日干支數로 合計하여 洪烟局을 成하여 써 1月의 高下를 알게 된다. 日中에 立市하게 되므로 每市에 午를 加하며 當市日의 時勢를 알게 되니 이는 年月日時가 다 들어가 洪烟局을 成함이다. 그러므로 年月日로 作局하면 一年 時勢의 高下를 보고 年月日時로 作局하면 當市日의 時勢를 보게 된다.

대범 月局은 年局으로써 參看하고 日局은 月局으로써 參看함이 可하다. 모든 論說은 下를 보고 上을 보아 詳察하라.

各 市日의 年月日時數가 洪의 무슨 局이 되면 日辰으로써 爲主하는 고로 正月 初七日로 作局하여 이 日辰으로 物價의 高下를 斷定하라.

假令 日辰上 火土가 亥에서 胞를 일으키면 五月에 旺이 되는 故로 穀食과 담배 값이 五月에 높다 하는 것이다. 이 例로써 미루어 보라.

各 市日도 이 위에 말한바와 같이 旺이 될 때에 반드시 時勢가 높게 된다. 이러한 理致로 推知하라.

各 市日辰數에 生方이 되는 곳에서 物品을 買收하고 物名의 旺方에 가서 팔면 크게 利益을 보게 된다 함이다.

干數가 逆으로 旺數에 至하여 1이면 一兩 一錢 一分이요、 2면 二兩 二錢 二分이니 此는

108

每斗에 對한 穀價라 한다. 或은 一을 六으로 하는 수도 있으므로 六兩 六錢 六分이라 하기도 한다. 六이 되어도 一로 보는 수도 있다 한다.

또는 무슨 年月 무슨 時에 時勢가 높음을 알고저 하면 먼저 年局을 점쳐 이 數에 依하여 推得하라.

天數가 逆으로 旺宮에 至하여 一이면 一年이요 二면 二月이니 또 두번째 旺宮에 至하여 一이면 壬日, 또는 癸日, 亥子日이라 하기도 한다.

時로 보면 一을 水時라고도 하며 二는 火時라하기도 한다. 年으로써 月을 미루어 보고 月로써 日을 미루어 보고 日로써 時를 미루어 보니 年月日局이 다 이를 推得하라.

오직 우리의 用事가 다름이 있으니 護刦朋僕을 存細히 推得하라.

나의 一身에 用事가 도름이 있는 것은 나를 護하는 것이 第一이니 나의 年局으로써 時勢를 미루어 보고 비록 旺이 된다 하여도 나의 官刦方이 되면 物件을 貿易하지 말 것이라 한다.

이 方이 나를 生하여 준 然後에 貿易하면 다 利益이 있게 된다.

그 中 僕從類는 끝에 가서는 損을 보게된다. 我를 生하는 方이 護我方이요, 我를 剋하는 方이 官刦方이요, 나와 相比되는 方이 僕從이니 我가 生하여 주는 方은 耗損되는 곳이다.

初買와 初賣가 다름이 있으니 年月日時로 成局하여 볼때 나를 護하여 旺하면 可히 값나

가고 官規이 되며 衰하면 값이 없다.

每市日生方에서 買得하여 旺方에 가서 팔라 함이다.

日局 日數의 長生方에서 買得하는 物件을 日數 生旺方에 가서 팔면 自然히 利得이 있는 것을 말함이다.

數가 旺함이 없으면 三奇方이나 三吉門方을 取하여 앉으라. 만일 三奇 方이 아니드라도 吉卦가 되고 吉門을 逢하는 곳을 取하여 앉으라. 그러면 自然히 多大한 利益을 보게 된다.

當日의 忌方은 空亡孤虛方을 가리킨다. 또 市場上에 十二로 分布하여 純三奇에 三吉을 兼한 땅에 時勢의 높음을 可히 알 수 있다. 그러므로

入中된 干을 坤에 寄하여

坤으로부터 每入方에 至하는 데 戊己가 入中하여 坎에 加되면 純旺으로 論하지 아니하니 혹 봄에 時勢가 있으면 秋節에 時勢가 없고 秋節에 時勢가 있으면 春節에 時勢가 없게 된다.

癸가 坎宮에 加하여도 同論하니 이로써 時勢의 高低를 推得한다.

年歲의 豊凶을 먼저 안 뒤에 物情의 眞을 얻게 되며 豊年의 物情으로써 價値의 吉凶을 推하면 不中된다. 그러함으로 이같으면 時勢를 參考함이 可하다.

物이 不齊하므로 事情이 다르니 時勢를 參考함이 可하다.

豊凶의 情도 다름이 있으니 優劣이 各各 다르다.

理致의 所在가 專的 物情으로써 時勢에

所由됨이니 料量을 推見함이 可하다. 대개 各方의 奇儀및 數가 八門으로 더불어 中宮에 入하면 年局의 方變에 依하니 東西南北 旺死의 運이 다 各各 다름이 있고 三奇 八門 轉揚의 法도 各各 다름이 있으니 어찌 神驗 奇妙하지 아니하랴.

當日元之圖

年月日로 計數하여 布局한 後에 方位를 定하니 旺方을 取坐함이 宜하다. 吉門卦가 없으면 吉門方을 取坐하라.

```
三 八 七
十 一 二
五 四 九
```

假令 布局이 坎에 있는데 魚藿이 离宮에 있다하면 二를 中宮에 入시키어 점포를 西方에 布하면 旺方이 되고 兼하여 福德이 되니 可히 兌坐를 使用함이다. 그러므로 十이 中宮에 入하면 魚數은 北方에 旺方이 되니 兼하여 生氣를 가진 坎方이라 하니 아울러 當日의 空亡孤虛方을 忌한다.

價斷訣

甲子 一兩 五分 乙丑 五錢 五分 丙寅 九錢 三分 丁卯 九錢 三分 戊辰 一錢 二分 己巳 一錢

五分 庚午 一錢 七分 辛未 八錢 一分 壬申 九錢 一分 癸酉 七錢 二分 甲戌 一兩 四分 乙亥
二兩 丙子 一兩 二分 丁丑 二兩 一分 戊寅 一兩 三分 己卯 七錢 三分 庚辰 七錢 辛巳
五分 壬午 九錢 三分 癸未 九錢 一分 甲申 七錢 二兩 乙酉 一兩 一分 丙戌 七錢 九分
戊子 一兩 六分 己丑 八錢 三分 庚寅 二兩 三分 辛卯 六錢 壬辰 一兩 五分 癸巳 一兩
甲午 一兩 五分 乙未 九錢 丙申 六錢 五分 丁酉 九錢 一分 戊戌 九錢 己亥 一兩 五分 庚子
二兩 四分 辛丑 七錢 三分 壬寅 九錢 三分 癸卯 七錢 甲辰 一兩 四分 乙巳 一兩 四分 丙午
一兩 三分 丁未 一兩 五分 戊申 九錢 三分 己酉 九錢 五分 庚戌 三分 辛亥
壬子 九錢 一分 癸丑 一兩 五分 甲寅 一兩 六分 乙卯 二兩 二分 丙辰 九錢 五分 丁巳 九錢
一兩 五分 戊午 一兩 五分 己未 一兩 九分 庚申 一兩 三分 辛酉 二兩 九錢 三分 壬戌 二兩 二分 癸亥
一兩 五分 兩數는 倍를 減하고 十數 休數單數가 時中에서 旺되면 三倍를 加한다. 그러나 休는 本數에 不過하니 旺月은 三倍를 加하고 分數는 倍를 加하고 休月에 本數에 依한다.
可令 今年 年局이라면 年月日數로써 合計하여 兩數에 倍를 加하고 分數를 倍減하여 十二月
로써 加하여 入計하는 것이다.
例 乙亥年 丙寅月 癸巳日 合數가 八兩四分이라면 써 담배 값을 말한 것이니 二火가 旺하므로 담배 값이 높음을 알게되니 그 旺月에 값이 特高함이라 한다. 壬午 月數를 加하면 九錢
一分이니 合하면 八兩 九錢 五分이다. 이것을 三倍로 加하면 二十六兩 九錢 七分이 되니 이

것이 담배의 一同이라는 價格이라 한다.

이로써 推得하는 故로 한 묶음이 二錢 六分 九利 七毫라 한다. 米는 二十斗 一石이 되고 布木은 五十疋이 一同이 되며 담배는 百 묶음이 一同이 되고 木綿은 百斤이 一隻이 되고 고기는 百束이 一同이 됨이라 한다.

洪局에 旺類上의 所得數가 있으니 旺衰로써 加減을 하여 보라. 戊土는 旺하고 四九金은 死地에 臨하면 半減하니 이르기를 二라 하고 米一石의 값은 二十兩이 됨이다. 二火가 旺하면 담배 一同에 二十兩이라 한다.

病死葬이 되면 半減으로 보고 其餘는 本價類를 呼하니 量을 비교하여 物價의 長短을 參考하라.

烟局物價(高)

乙亥年 癸巳日 洪三局 立春下元인데 五土가 己土를 逢하고 兼하여 戊土가 坎에 旺한 故로 穀價가 높고 庚金이 旺하는 데에 四金이 辛金을 逢한 故로 麥價가 높으며 七火가 旺地에 居하여 二火를 兼逢하므로 木綿의 값도 높았다.

壬辰年 乙卯日 洪三局 立春 中元인데 戊土가 兼 되었고 癸水가 旺한 故로 곡가가 六月 十一月에 높고 二七火가 旺하므로 담배와 소금 값이 여름에 높고 庚金이 辛을 逢하므로 가을에 보리 값이 높아졌다.

(低)

戊戌年 庚辰日 洪 九局 立春 上元인데 己土가 十土를 逢하여 土가 坎宮에서 旺하고 吉門을 逢하였으므로 穀價가 겨울에 높고 門吉卦가 凶星이 있으면 먼저는 높고 뒤에는 下落된다.

그러나 乙木이 旺하므로 布木 값이 높고 壬이 六을 逢하였으니 고기와 소금 값이 높고 九金이 入中되었으므로 보리 값이 점점 높아가고 丁이 七火를 逢하였으나 凶門卦가 되므로 火에 屬하는 物品의 값이 높지 못하였다.

己亥年 甲辰日 洪二局 立春下元인데 巳土가 五土를 逢하고 또 旺하나 凶門卦가 되므로 穀價가 높지 못하고 四九金이 旺하므로 보리와 누룩 값이 가을에 높고 三木이 乙木을 逢하였으나 休死 絶命을 逢여 布木의 값이 높지 못하고 丙火가 旺하므로 담배 값이 五月에 높다. 格이 伏吟을 만나면 白物이 太越하게 된다.

五、軍帳幕賦

대개 正月 一日인 年月日 數를 干數는 逆하고 支數는 順으로 成局하여 天下의 吉凶을 알게 된다。各國 名城 分野上의 所得된 干支數를 得하여 이 數를 入中시키어 上下盤을 지어 吉凶을 論하니 다 年日支로써 主를 한다。

114

每月 初一日의 年月日로 成局하면 이것이 月局이 되나 每月의 일을 推知하고 每日의 일은 年月日 時局으로 各邦의 變化와 吉凶을 알고 時局으로써 每時의 일을 推知한다.

金火鬼가 歲中에서 旺하면 兵亂이 일어나고 또 逆出이 나온다. 鬼가 歲를 克을 受하면 平定하게 되고 子孫이 兼旺되어도 亦是 平定하게 된다. 主將의 姓은 制鬼하는 姓이 되면 敵을 破하게 된다.

만일 金鬼라면 火姓인 將帥를 쓰고 火鬼면 水姓인 將帥를 用하라. 金鬼면 木姓을 不用하고 火鬼는 金姓의 將帥를 不用하라. 이러한 姓은 後軍으로 用함이 可하다 함이다.

當年의 年局이 敵을 破하지 못하게 되면 明年으로 定計하라. 當年 年局에 子孫이 乘旺하고 居旺하고 兼旺함이 없으며 鬼가 無破하면 明年局에 子孫이 乘旺됨을 期待하라. 子孫이 兼旺되고 居旺되고 乘旺되며 鬼가 剋되고 鬼가 死絕空亡鄉에 있으면 出兵하드라도 敵을 破하게 된다.

子孫이 나의 將軍이 되고 官鬼는 저 편의 敵將이 된다. 財는 糧草가 되니 旺하면 多하고 衰하면 少하며 空亡되면 乏絕된다.

太歲는 一年의 主管이 되고 中宮은 一局의 總領이 된다. 歲가 中宮의 一六을 助하며 와서 日을 生하고 中宮이 歲를 助하며 一六이 와 日을 生하면 바다를 건너 배를 타고 水戰하는 것이 利하다. 歲宮一六이 日辰을 生하며 歲가 日宮의 一六을 助하며 日辰을 來生하면 猛將을 보내 水戰하면 반드시 이기게 된다.

局內에 雙水가 日을 生하고 日이 旺하면 水戰에 大利하다.

歲가 中宮을 助하고 日辰을 來生하면 猛將을 보내 火攻하면 勝戰하게 된다. 그러므로 火戰이 利하다 하겠다.

日을 生하면 火攻하여 勝利하게 된다 함이다. 局內에 雙火가 같이 生하며 歲가 月을 生하여도 火戰에 大宜한다.

歲가 中宮 水鬼를 作하면 水戰하는 것이 不利하다. 그러므로 軍艦을 動하지 말라.

歲가 中宮 火鬼를 助하고 月이 歲月 火鬼를 助하며 歲月이 火鬼가 되면 火戰에 不利하니 兵營을 잘 防止하라.

助生된 者가 水면 水戰이 宜하고 助生된 者가 火라면 火戰이 宜하다.

土는 砲石이요, 金은 箭刀요, 木은 舟車요, 火는 火藥이니 日을 生하면 이것을 用하고 만일 日을 剋하면 이것을 避하라.

子孫이 乘旺하고 居旺되고 兼旺됨이 宜하고 官鬼는 乘死되고 居死되고 受剋됨이 宜하니 子孫은 旺하고 旺하라. 그러면 우리의 將帥가 決勝의 才가 있다.

官鬼가 空되고 死地에 있으면 敵國이 敗亡의 징조가 있다.

116

子孫이 受生되면 將軍이 도움을 받고、官鬼가 受生되면 敵國이 도움을 받는다.

子孫이 旺하고 水宮이 旺하면 水戰에 利하고、火가 旺하면 火戰에 利하며 木이 旺하면 石砲戰에 利하며 金이 旺하면 銃砲戰에 利하다.

官鬼가 旺하고 水가 旺하면 水戰을 피하고 火가 旺하면 火戰을 避하고 木이 旺하면 樹林을 피하라、土가 旺하면 山戰을 피하고 金이 旺하면 箭創을 피하라.

歲와 中宮의 一六이 剋하나 子孫이 旺旺하면 火를 冒하고 臨戰하여도 이기게 되니 危險하나 免할 수 있다.

子孫이 旺旺하면 我便의 將帥가 才能이 있고 官鬼가 旺旺하면 彼側의 敵將이 才智가 能하다.

歲月이 中宮을 助하나 子孫을 剋하고 中宮이 歲日을 助하나 子孫을 剋하며 歲月이 아울러 子孫을 剋하고 歲가 月을 助하며 子孫을 剋하면 固守하고 速戰함을 도모하지 말 것이라 한다. 歲月이 中宮을 助하나 子孫을 剋하고 中宮이 歲月을 助하나 官鬼를 助하면 固守하고 있다가 그 變함을 보아 敵을 攻擊하면 반드시 我便에서 勝戰한다.

兄弟를 伏兵으로 보니 陽兄은 晝間의 伏兵이요. 陰兄은 夜間의 伏兵이니 中歲의 助함을 得하면 伏兵을 하는 利하다

歲中의 剋을 逢하여도 伏兵을 하나 不利하다. 兄이 受生되면 伏兵을 하여도 利하고 兄이 受

剋되면 伏兵을 하여도 不利하다。 下가 上兄을 生하면 伏兵을 하고 耗損되고 下가 上兄을 剋하면 伏兵으로써 敵兵을 破하게 된다。

上下의 兄弟가 되어 雙比하면 伏兵의 勇勢를 得하니 乘旺되고 居旺되면 伏兵으로써 大勝하게 된다。

만일 兄弟가 乘死되고 居死되고 休囚되면 伏兵을 하나 大敗한다。

歲가 中宮의 子孫을 助하고 中宮이 歲子孫을 助하면 子孫이 乘利하나 休衰하면 兵多하여야 勝戰하게 된다。

歲가 中宮子孫을 助하고 中宮이 歲子孫을 助하며 子孫이 乘旺하고 居旺하면 적은 兵力으로도 勝利하게 된다。

中宮에 動한 子孫이 乘旺하나 受剋되고 또는 歲月에서 剋을 受하면 戰勝하나 將軍이 戰後에 死하게 되니 三國 末世에 鄧艾와 鍾會의 형상이 된다。 三國誌를 參觀하면 알게 된다。

中宮에서 動하되 子孫이 乘死되나 生을 受하고 또 歲月의 來生함을 逢하면 我將이 死地에 陷되었다가 다시 勝利하게 된다。

動生된 官鬼가 乘旺하고 兼旺하며 다시 歲月의 生을 受하면 敵兵들이 大勝利하게 된다。

動中된 九金鬼가 乘旺 兼旺되나 歲月에서 死絕을 逢하면 項羽가 自殺한 현상과 같이 된다。

水鬼가 旺하면 敵이 舟楫으로서 勝利하고 火鬼가 旺하면 敵에게 包圍를 當하게 된다.

鬼가 旺하고 財가 空亡되면 敵兵이 我軍의 糧道를 끊고 鬼는 死地에 있고 財가 旺하면 我軍이 敵의 糧道를 끊는다.

動中된 子孫이 歲를 生하고 歲가 鬼를 生하면 我軍이 敵에게 降服하게 된다.

動中된 官鬼가 歲를 助하고 歲가 日을 助하면 敵軍이 我軍에게 降服한다.

動中된 父母가 乘休되어 受剋되고 다시 歲月에서 剋을 受하면 救援兵이 中止 당하고,

動中된 父母가 乘旺하며 受生되고 다시 歲가 助하여 주면 救援하여 주는 兵力이 大至한다.

官鬼가 비록 囚死함을 乘하고 있으나 歲月이 扶助하여 주면 勢窮 力盡한 窮敵이라도 追擊하지 말 것이다.

子孫이 비록 勝旺하나 歲月의 剋을 受하면 可히 出戰하지 말 것이다.

歲가 官鬼를 生하면 敵이 勝하고 中宮이 官鬼를 生하여도 敵이 勝利하게 된다.

歲가 日을 生하고 子孫을 生하여도 我便이 勝利하고 中宮이 日을 生하고 子孫을 生하여도

我便이 勝利하게 된다.

歲가 日을 剋하고 歲가 子孫을 剋하면 我便이 敗하고 中이 日을 剋하고 日이 子孫을 剋하

여도 我가 敗하게 된다.

歲가 中宮 火鬼를 助하고 中宮이 歲火鬼를 助하고 雙火鬼가 되면 아군이 火에 大敗하므로 燒死하게 된다.

歲가 中宮 水鬼를 助하고 中宮이 歲水鬼를 助하여 雙水鬼가 되면 水戰에 大敗하므로 兵力이 流失 당하게 된다.

歲가 中宮 金鬼를 助하고 中宮이 歲金鬼를 助하며 雙金鬼가 되면 刀箭으로 敵에게 敗를 當하게 된다.

歲가 中宮 土鬼를 助하고 中이 歲土鬼를 助하며 雙土鬼가 된 者는 砲石으로 敵에게 敗하게 된다.

歲上에 太白인 九金이 中鬼를 助하고 歲가 中宮 太白鬼를 助하면 我軍이 全滅하게 된다.

動中된 雙金雙子孫이 歲를 助하고 歲가 月鬼를 助하면 我軍이 我將을 죽이게 되니 三國時의 范張의 事件과 같이 된다.

動中된 雙金鬼가 歲에서 助함을 受하며 月日과 中宮을 助하여도 위의 경우와 같다.

雙九 雙金이 中宮에서 動하여 官鬼가 되면 全軍이 死亡하게 된다.

動中된 雙金雙子孫이 歲를 助하고 財가 되면 糧道에서 禍가 起하게 된다. 父母가 되면 主帥가 喪亡하니 雙九 雙金이 歲土에 있어도 이와 같다. 月上에 있으면 副將이 喪亡하고 日上에 있으면 士卒이 喪亡하게 된다. 雙七雙火가 動中하여 官鬼가 된 者는 全軍이 火에 傷하게 된다. 雙七 雙火가 歲上에 있으면 主

帥가 火傷되고 月上에 있으면 副將이 火傷하고 日上에 있으면 士卒이 火傷하게 되고 妻財가 되면 糧草를 燒傷하게 된다.

城中에 座하여 閉城하고 있을 때에 水鬼가 旺하면 敵便에서 水로 攻擊하고 火鬼가 旺하면 火攻하고 金鬼가 旺하면 城을 파헤치고 木鬼가 旺하면 城을 넘어오고 土鬼가 旺하면 城을 包圍當하게 된다.

我軍이 攻城하게 될 때도 위와 같다. 日辰의 上下로 主客을 分하니 上은 客이 되고 下는 主가 되니 先動者가 客이요. 後動者가 主가 된다. 客이 主를 剋하면 客이 이기니 先動하여 勝利하고 主가 旺하면 客을 剋하게되니 後動하여도 勝利한다.

敵兵이 降服하고 올 때에 上이 下를 剋하면 거짓으로 降服하러 온 것이요. 下가 上을 剋하면 진실로 온 것이다.

乾兌는 刀요、 巽震은 弓과 馬요、 离은 槍이요、 坤은 野戰이니 우리의 子孫이 이 方所에 있으면 이 物件을 쓰게 된다.

鬼上數가 一二、三四는 敵兵이 少하고 六七八九가 되면 敵兵이 많다. 그러나 旺하면 많고 休囚되면 적다.

鬼가 坎宮에 있어 受剋하면 敵이 离宮 冲方에서 오고 鬼가 坎方에 있어 受生되면 受生되는 方에서 오게 되니 이 法으로 推知하라.

鬼가 空亡 孤虛의 宮에 居하면 或 虛聲으로 놀래게 하는 수가 있다.

鬼가 乘休되고 衰氣가 되며 歸魂을 逢한 者는 敵이 스스로 돌아가고 杜門을 逢하면 敵이 不出하고 游魂과 生門을 逢하면 敵將이 나를 包圍하고 開門 生氣를 逢하면 敵將을 追戰하게 된다.

死門 絶命을 逢하면 敵이 敗亡하고 歸魂杜門을 逢하면 敵이 不來한다.

鬼가 受助되면 敵을 돕는 者가 있고 鬼가 受剋되면 敵이 患亂을 逢한다.

分兵 發將하는 데에는 다시 罷局이 있으니 이날 이 때에 누가 不可하다 하는 것을 定하게 된다.

假令 春節에 發兵한다면 이 때의 三變한 局이 戌亥子命의 將軍이라 한다. 그러므로 出兵하는 것이 不可하다. 官鬼가 居旺하고 生氣를 乘한 까닭이라 하겠다. 巳午 命의 將軍이 그 坤兌方으로 出하면 木鬼가 乘休 居死하여 土의 所制한 바가 됨이라 한다.

金이 旺하여 中宮에서 動하면 金鼓가 하늘을 울리고 父母가 旺旺하면 旌旗가 들을 가리우게 된다.

亂時에 敵을 應하려면 子孫方으로부터 出師함이 吉하다.

만일 子孫이 東南方에 있다면 東南方으로 出師함이 吉하다는 뜻이다.

大將이 갖을 깃발은 子孫方의 빛갈로 하는 것이 좋다.

새와 짐승과 바람과 구름이 各各 應驗함이 있는 것이라고 하였다.

122

좋은 方向은 年月日時局에 子孫方이 되는 故로 吉應이라 한다. 鬼方으로 出師하며 歲가 鬼를 助하면 國君이나 主將에게 凶應이 된다. 月이 鬼를 助하면 모든 大將에게 凶應이 되고 日 時가 鬼를 助하면 兵卒이 凶應하게 된다. 산통을 흔들어 數字를 뽑아 定하는 때는 年月 日時 局으로 하니 대개 各 占의 하는 法이 年月日 數로 한다. 일이 猝然히 뜻하지 못할 때에 쓰게 된다. 그러 나 이것은 元局의 定理는 아니다. 或 이 때에 可하기도 하고 或 뒤에 可하기도 하며 或 後日 에도 可하니 이같은 땅에 年月日數로 하되 焚香 再拜하고 太乙經을 새면 외우며 흔드는 대롱 가운데에 算 十二個를 넣고 各 十二時를 써서 이 글을 至誠스럽게 외운 뒤에 所願을 暗祝하고 대롱을 흔들어 한 산가치를 뽑으면 무슨 時에 該當算이 나올 것이니 年月日數를 이 수에 合 하여 成局을 한다. 이것이 罡丁算法이라 하여 싱그럽고 정확하다고 하였다. 時算 때는 銀香 모양으로 만들어 各時의 十二支를 쓴다고 하였다.

六, 太 乙 經

이 經의 이름이 銅仙經이라 한다. 甲子日 庚申日 戊亥時에 이 經을 열두번을 일으면 모든 鬼神이 모여 들어와 玉皇 上常에게 告하니 輕心하지 말 것이라 한다.

太上曰(太上曰)　황천생아(皇天生我)　황지재아(皇地載我)　일월조아(日月助我)

성신영아(星辰暎我)　사명여아(司命與我)　태을임아(太乙臨我)
옥신도아(玉神度我)　오재우아(五帝佑我)　북신상아(北辰相我)
남극좌아(南極佐我)　삼관보아(三官輔我)　육갑직아(六甲直我)
육정진아(六丁進我)　금동시아(金童侍我)　옥여부아(玉女部我)
강하도아(江河渡我)　천문계가(天門開我)　지호통아(地戶通我)
구궁둔아(九宮遁我)　풍우송아(風雨送我)　뇌정순아(雷霆順我)
아명착아(阿明着我)　음양종아(陰陽從我)　오행부아(五行扶我)
은표성구(銀豹星龜)　태청현적(太淸玄籍)　상하왕내(上下往來)
금반옥장(金飯玉醬)　향구게지(向口開旨)　무궁불식(無窮不息)
소위자합(所爲者合)　비작보취(飛雀寶鷲)　여천위서(與天爲誓)
하신불복(何神不服)　소욕자성(所欲者成)　소향자형(所向者亨)
좌유청룡(左有靑龍)　하영불행(何令不行)　여도합신(與韜合神)
신통광명(神通光明)　우유백호(右有白虎)　후유현무(後有玄武)
모아자사(謀我者死)　위진십방(威振十方)　전유주작(前有朱雀)
　　　　　　　　증아자망(憎我者亡)　상정화게(上頂華盖)
삼천육백(三千六百)　　　　　　　　애아자생(愛我者生)
　　　　　　　　상재아방(常在我方)　영동선여(靈童仙女)
태상섭아(太上躡我)　집절봉부(執節奉符)　파쇠금강(破碎金剛)
경천대길창(擎天大吉昌)　　　　　　　　여아동유(與我同遊)
　　　　　　　　이십사부(二十四符)　여제성역(與諸星曆)

엄옴(唵唵)　급급(急急)　(여율영)(如律令)　측등(勅等)

이는 사람이 致誠하여 三萬讀을 하면 능히 鬼卒이 兵器를 가지고 모이는 것을 볼 수 있으니 鬼卒을 日夜로 護行하게 되어 종 부리듯 하게되므로 可히 天下에 至極한 寶貨라 하겠다. 一本에 이르되 天上太淸 天童이 護令하여 주는 妙經이라 한다.

그러나 잘못하여 失手하면 도리어 不幸한 것을 받게된다.

甲子 庚申日 戌亥時에 焚香하고 열두번을 敬讀하면 귀신이 와서 이 뜻을 玉皇上常에게 傳하니 可히 輕心하지 말 것이라 한다.

위에 쓴 이 經을 戌亥時에 열두번 익고 그 다음으로는 下의 符作을 그리어 가지고 다니면 무슨 일이든지 所願成就한다고 한다.

그러나 五月五日이나 甲子日이나 庚申日이나 或 生氣 福德 天醫日을 가리어 쓰면 좋다고 한다.

太乙符

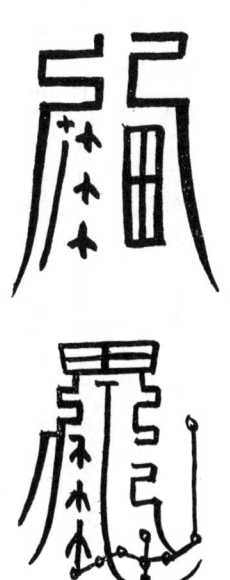

語談將軍雲名氏 一名은 洛龜之 神符라 하니 그 中에 九星이 있다고 한다.

이 符書가 비치는 곳에는 災厄이 自消된다 하였다. 眞朱로써 그려 차고 다니라 하였다.

이 符作板은 벼락 맞은 대추 나무나 복숭아 나무나 혹 千金木을 가지고 만들되 長은 三寸

이요 廣은 二寸으로 하고 厚는 不計한다.

이 부작을 쓸 때에는 沐浴齊戒하고 경명주사(朱砂)로 써서 왼편 옷 안에 찬다.

이 符作은 밤에 쓰고 낮에는 쓰지 말 것이다.

七、九宮變數

乾 癸 戌亥 六　　艮 乙 丑寅 八

坎 壬 子 一　　离 庚 午 九

中 己 十 戊五　　兌 丙 酉 七

震　卯三　　坤 丁 未申 二

巽 辛 辰巳 四

九宮變數 隱爻가 能히 用事한다.

三 八 七

十 一 六乾
　　 隱爻

五 四 九
　　　二六

九宮의 影인 六이 坎의 本宮에 出하면 一六이 朋切이 되니 隱爻의 六이 即 乾六이다. 乾이 變하면 兌七이 되니 僕從이 라 하고 兌가 變하면 艮이 되니 艮八은 子孫이 되며 離精이 變하면 震三이 되고 六이 耗精이 되며 離가 變하면 己十이 되므로 防剋이 되고 巽이 戊五로 變하여 罡震이 되고 變하면 巽四인 護方이 되고 艮이 變하면 离九가 되니 또 이르기 護生方은 中宮數로 써 本宮이 됨이 라 한다.

正九는 丑上에서 起하고 六은 子上에서 起하고 三七은 亥上에서 起하고 四六은 戊上에서 起하고 五는 酉上에서 起하고 十은 寅上에서 起하고 十一은 卯上에서 起하고 十二는 寅上에 서 起한다.

그러므로 月上에 一日을 일으키고 日上에서 子時를 이렇게 順數로 當하는 곳에 至하여 止宮된 數가 中宮에 入하니 本命數로 計算하여 除하고 남은 零數를 取한다.

例 乙亥 三月 十七日 午時라면 三月을 亥上에서 起시키고 亥上에서 初一日을 이렇케 卯上에 至하니 十七日이 된다. 또 卯上에서 子를 起하여 兌上에 止하니 兌七數가 中에 들어간다. 들어가면 中宮 五天罡이 도로 兌宮에 와 本命 亥六數와 兌七數를 合하면 十三이 된다. 十三에서 十數를 除하면 三이 남으니 三에다 坎一數를 加하여 合하면 四金을 成하니 이 方位

가 生되는 本命인 亥六數가 되는 故로 父母方이 되어 吉함이라 한다。여기에다가 本三數와 艮八數를 加하면 十一이 된다。이 中에서 十을 除하고 나면 一이 남으니 一六이 比和宮이 되므로 吉하다 함이다。 耗精을 加하면 洩氣의 方이 되고 克되는 者는 官鬼方이니 入하는 것이 不可하다 함이다。

丁酉 二月 十五日 辰時이니 寅方으로 出하면 生方이 된다。

出하는 日辰이 子孫方이라 財事가 可히 吉하다。上

丙辰　八　七　二
癸亥　三　四　五
癸卯　九　十　九
丁酉　六　一　十

　　罷 局

一　六　五
八　九　十
三　二　七

이 下를 剋하니 急求하면 得하리라。그러나 戎門을 逢하므로 道中에서 辱을 보게된다。그리고 財가 長生地에 있어 또 比肩을 得하니 가면 財를 不得한다。

正月은 丑에서 일으키고、二月은 子에서 일으키고、三月은 亥에서 일으키고、四月은 戌에서 일으키고、五月은 酉에서 일으키고、六月은 申 도로 戌에서 일으키고、七月은 亥에서 일으키고、八月은 丑에서 일으키고、十月은 寅에서 일으키고、十一月은 卯에서 일으키고、十二月은 키고、

寅에서 일으키니 月上에서 日을 加하고 日上에서 時를 加하여 時住한 곳에서 入中하여 布局

하니 右洪局이면 日辰으로서 主를 하고 體를 하여 罪局이 되면 命上의 方으로 主體를 하니 父母 子孫 妻財가 되면 求財하는 데에 吉하고 官鬼나 妻財가 되면 求官하는 데에 吉하다. 그러나 子孫과 兄弟에 對하여서는 凶하다고 한다. 求財하는 데에도 兄弟는 不吉하니 憂患이 있을 때에도 兄弟를 보면 不吉하게 된다.

寅生은
出坎

丁酉 六 一 十 罪 四 九 八
丙午 三 四 五 局 一 二 三
甲申 八 七 二 六 五 十
甲戌

官規方으로 出하니 官職外에는 다 不吉하며 日辰이 下剋을 被하므로 上에서 속임수가 있고 또 財星이 上에서 剋을 받으니 求得하기가 難하다.

子生
出乾

己亥 三 八 七 罪 六 一 十
癸酉 十 一 二 局 三 四 五
丙寅 五 四 九 八 七 二
庚寅

官鬼 朋切方으로 出하며 또 旬空을 逢하니 도적을 만나지 아니하면 疾病이 殆甚하리라.

子　己
生　亥　八　一　九
　　壬　二　十
出　申　　　　局
坤　四　五
　　六　十　七
壬　七　　　六
丙　三　　　一
辰
午

官鬼 父母方으로 出하니 成事하기 어렵다.

八、東國分野

二十四方을 二十八宿에 屬하니 總合하면 三百六十五度가 된다. 我邦에 分屬하여 보면 三百三十四州에 該當된다.

써 八道의 三百三十四州 該當 吉凶災祥을 看하게 된다. 我邦은 艮에 屬하니 京畿道는 离宮에 屬하고 忠淸道는 震에 屬되고 全羅道는 巽에 屬되고 慶尙道는 坎에 屬되고 江原道는 乾에 屬되고 咸鏡道는 艮에 屬되고 黃海道는 坤에 屬되고 平安道는 兌에 屬한다 또 列邑의 所屬은 下의 圓圖를 보라.

二十八宿總圖

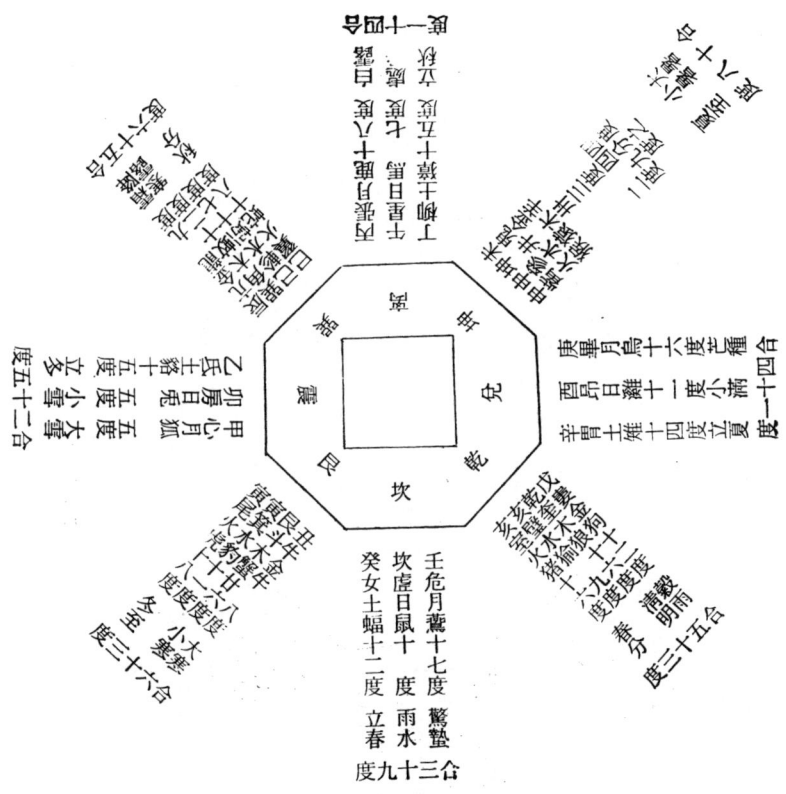

總三百六十五度

京畿道

正四維六
柳星張合
四十度張
柳一度自
張七度至
畿道自京
度至十八
度忠清道八

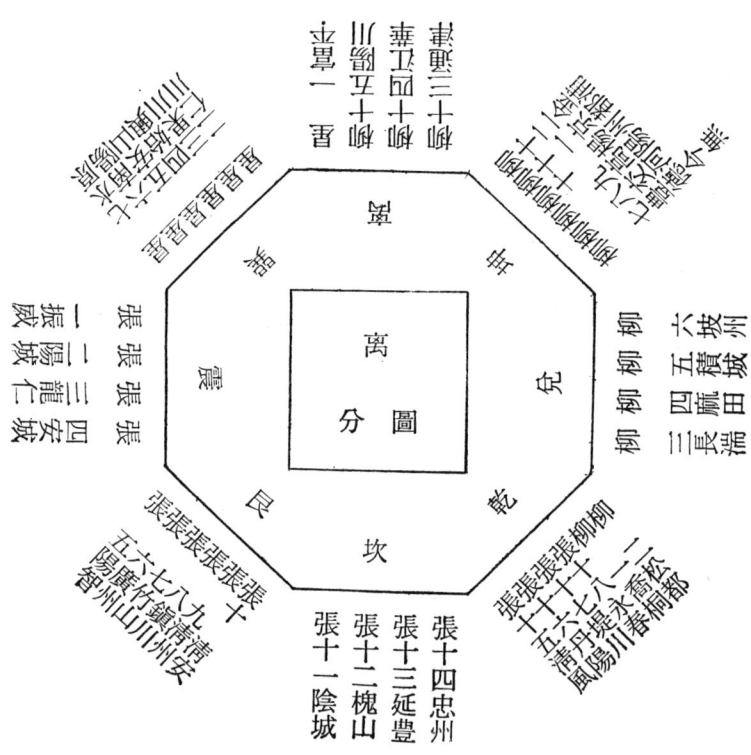

忠清道

正三 一艮 二房 心清道
三而 者也 十一 度氏全
維餘 屬氏 合忠 清道羅
　　 　　 五房 十心

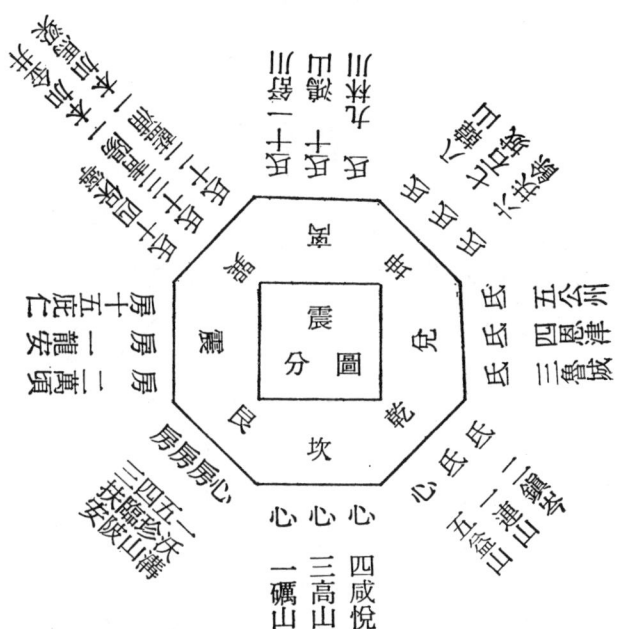

又數州韓山浦寧龍五二山艮德爲而說是
扶本十七○山安臨沃五分源咸與皆矣
云餘林舒青○一萬三陂溝咸則之鏡氏誤
五八川川陽庇頃心礪又一分愚六五文
六石一十三五房扶珍四一云益圖云公心
公鴻九藍保二安山高三誤之大州益五
　　　　　　　　　　　　　　　山盆山

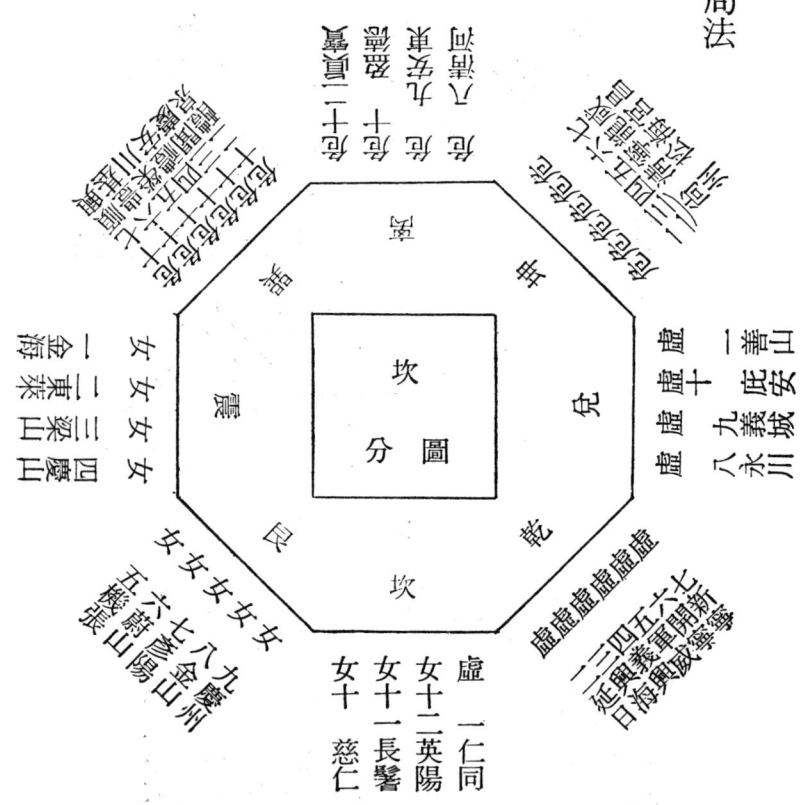

全羅道

正四翼八軫 全羅道六翼度惟 慶尚道五邑咸屬 陽一五度

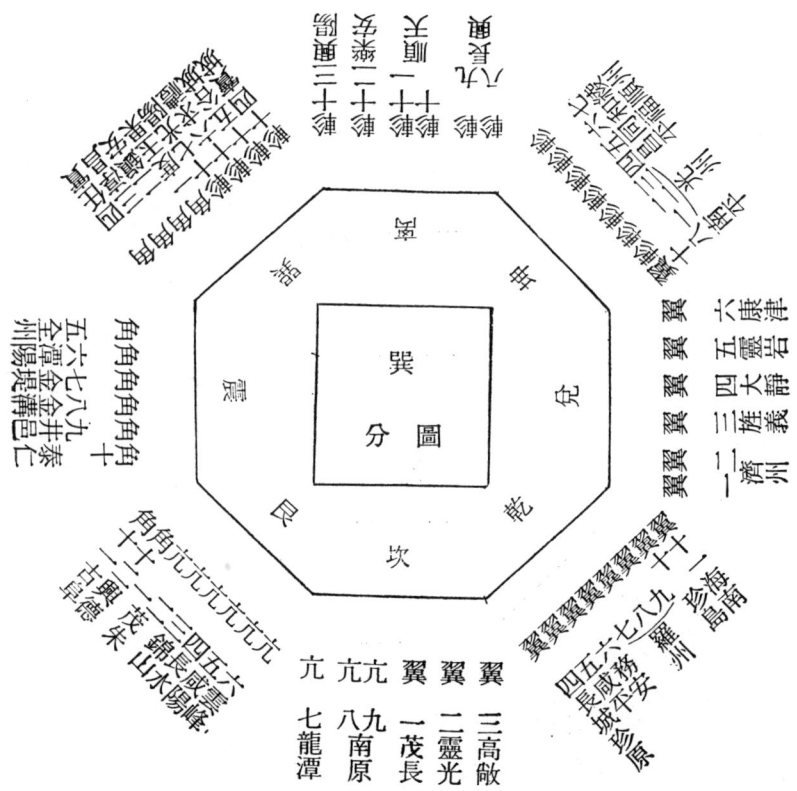

江原道

增補洪烟數作局法

正六維七而餘一者屬艮也〇奎婁室壁合五十三度奎婁則忠清道壁則江原道

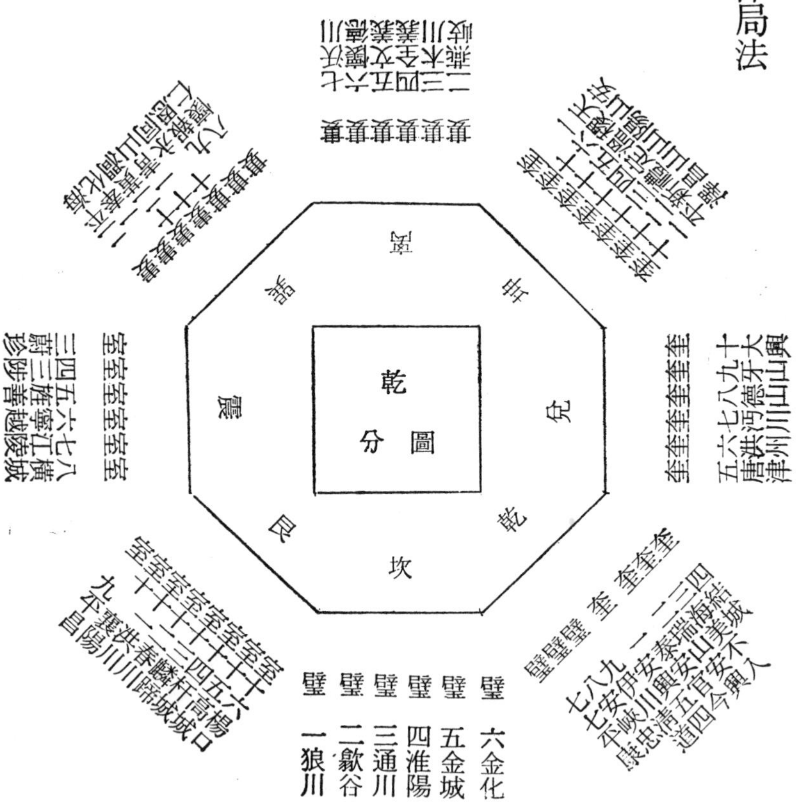

乾
圖
分
坎
壁 六 金化
壁 五 金城
壁 四 淮陽
壁 三 通川
壁 二 歙谷
壁 一 狼川

咸鏡道

咸尚度合斗屬而正
鏡道斗六牛艮縮七
道箕牛十尾也一維
尾慶三箕○者九

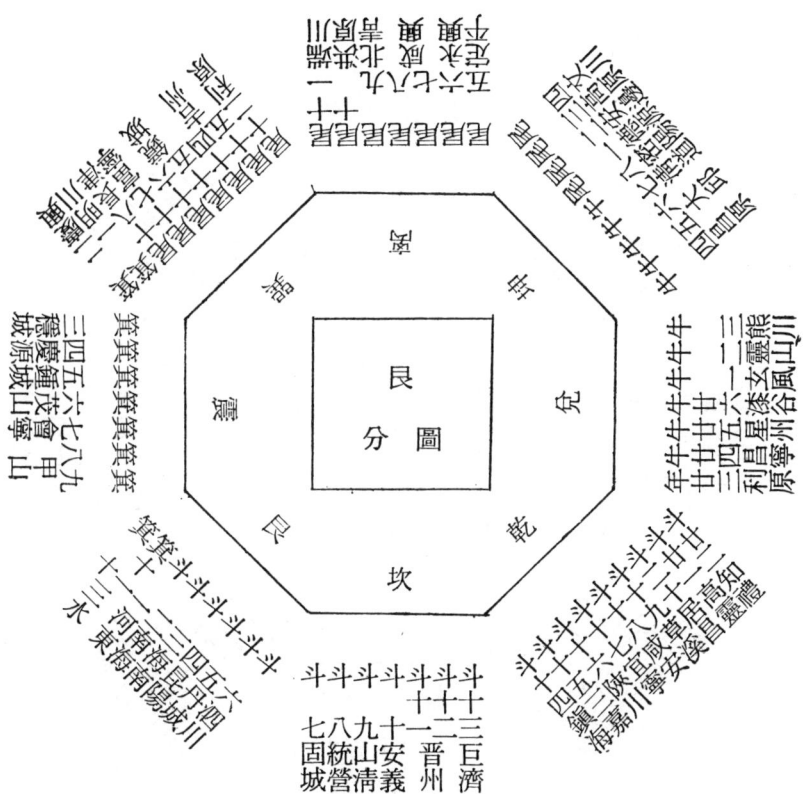

慶七官營而則斗城山九斗十州
尚一今不本數清斗安十一二是
道統入邑固八義斗晋也

平安道

增補洪烟數作局法

正四維六者而餘一也
屬艮昴畢〇
胃十一合
平安道四十度

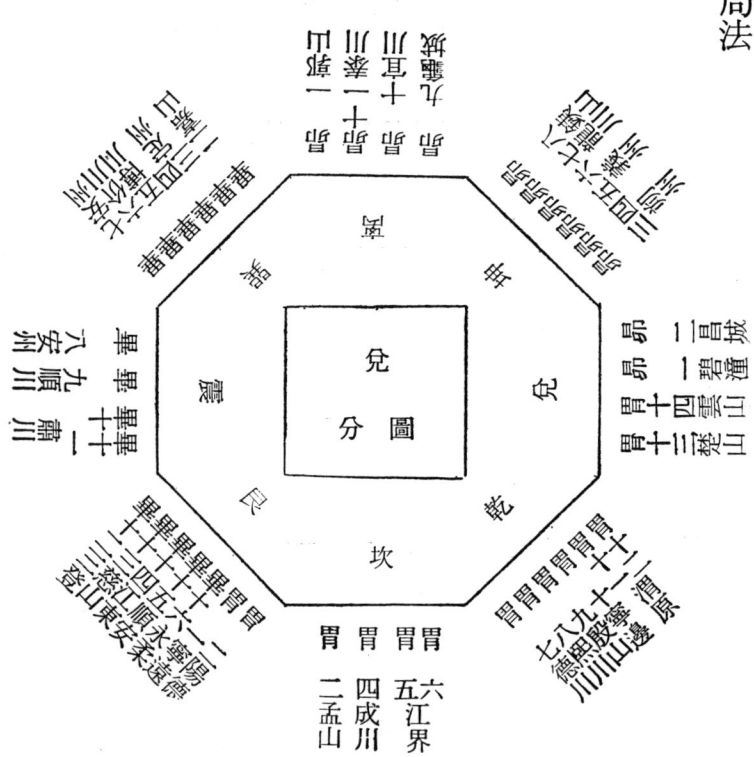

黄 海 道

正五維七黃海道今無牛峯則井廿九屬海州可

○井合四鬼觜
八井二鬼觜
十度度度至一
鬼自自十一
井黃海度度

參一至平觜參幾原一屬
度十安井十度道道井
至九平一道惟度
京自度海十江鐵原一度
原道道九至屬參度

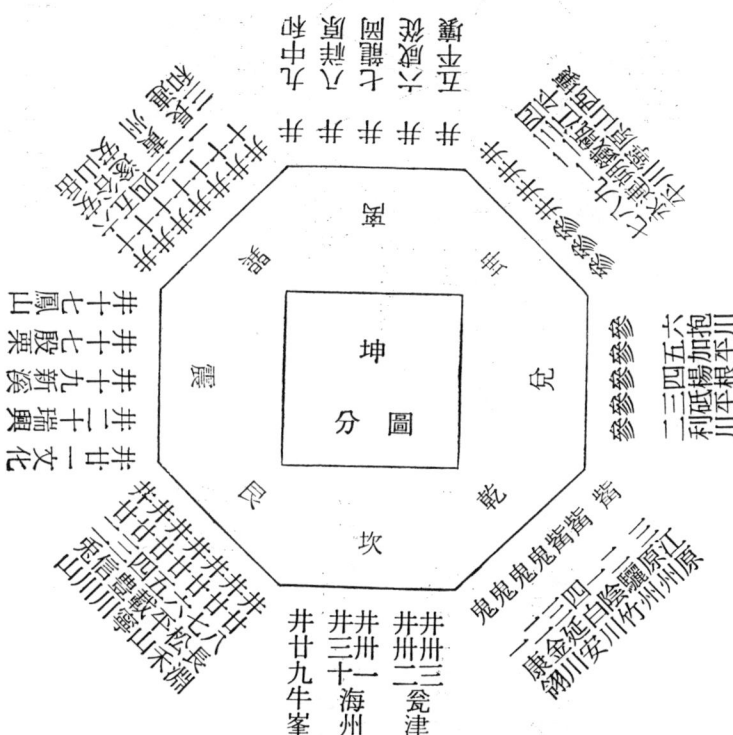

文利參平平寧原言參五山二九三此此言無此山此海
數川抱楊三七原州二元廿山十井之皆牛參本
本砥根二五三連鐵〇平山七兎一必誤山禾無
云平川川參原井七云江海三甕誤無牛二誤
觜二四六平一原根云三平原州一三井文文之
一〇加朔無度度四廿西廿十甕〇則文
永加度無甕四山六山一三津度又邑
山元參則
山黃邑矣

139

固城分野圖

艮方六十三度固城知年事

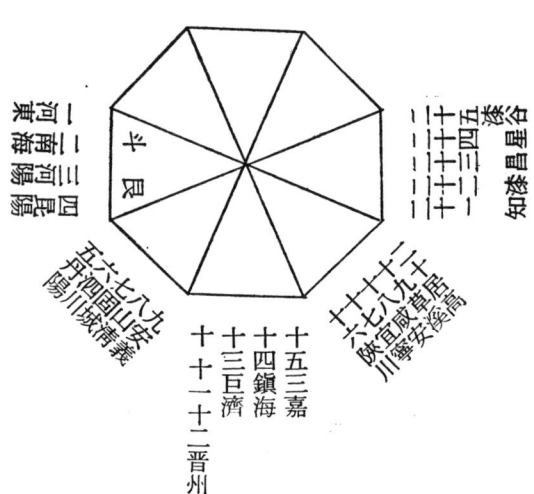

壬申
壬寅
丙戌

一 三 開 庚寅
六 八 生 庚丙
七 七 死 丙丁

四 十 杜 壬戌
三 一 景 癸
二 二 景 丁巳

九 五 傷 辛壬
十 四 驚 乙辛 直符
五 九 休 己乙

清河分野圖

壬申年正月初一日丙戌歲太白熒惑相戰賊撓九金克鬼須戒

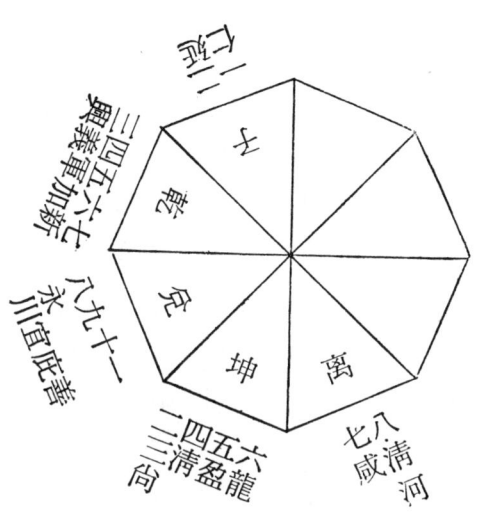

壬申
壬寅
○丙戌歲君

三一 庚丙 遊景　八六 丁辛 宜驚　九五 壬庚 命傷

六八 辛癸 歸休　五九 己 生　四十 乙丁 休生

一三 丙戊 福開　二三 癸乙 氣杜　七七 戊壬 害死

年局地盤圖

中原九星地盤圖인데 萬世不易圖

二芮　七柱　六心
九英　五禽　一蓬
四輔　三冲　八任

韓國地盤局은 中國의 艮方數를 用한다. 中國의 艮方數가 我國의 中宮으로 入하여 八方에 布局한다. 그러나 中宮에서 乾方으로 出하게 된다.

例

己未年 乙丑月 壬申日인데 日字는 正月二日이나 大寒 中元九局에 있으므로 甲子符頭를 干壬上에 加함이다.

中原年局

丙庚　丁己　己丙
柱　　心　　蓬
芮庚　禽癸　蓬丁
戊　　乙己
英壬　壬　　冲乙
輔辛　　　

韓國九星地盤圖艮上數가 入中出乾함이다.

五禽　一蓬　九英
三冲　八任　四輔
七柱　六心　二芮

九局이므로, 甲子戊가 离上에 일어나고 壬申日干의 符頭旬將이 甲子戊가 되므로 离上九英을 用하게 되었다. 그리하여 戊加壬하니 戊英壬輔乙冲으로 順回한 것이다.

韓國分野 艮上數가 入中하여 出乾한 圖表

中國艮上數인 辛冲乙數가 入中하여 出乾하니 中宮에 三奇

辛癸 癸己 己戊
冲禽 禽 蓬戊
          乙

丙辛 辛乙 戊壬
柱   冲   英

丁丙 丙丁 壬庚
心   芮已 輔

이 그친다. 다음 乾宮戊, 그 다음 兌에 己, 그 다음 艮에 庚, 그 다음 辛에 离, 그 다음 癸에 坤, 그 다음 丁에 震, 나 六儀 九星을 韓國地盤圖에 依하여 九局甲子戊와 日干符頭 그 다음 丙에 巽하고 乙이 當到하니 順序로 되어 있다. 그러

戊壬 壬乙 乙辛
逢   英   輔

庚丁 丁癸 癸己
冲   柱   心

旬將이 坎上에서 始作하여 順回하게 된것이다. 우리나라도 亦是 戊加壬한 所以라 하겠다.

全羅道分野은 我邦의 巽上數가 入中하여 布局하게 되니 丙이 入中한다.

時家奇門에 中宮符頭가 即 死門이면 直使가 되니 天禽天芮直符가 된다. 그러나 同出하여도 芮柱心逢任冲輔英으로 計去하라. 禽逢任冲輔英으로 計去하지 아니한다.

京畿道가 三十三官 忠淸道가 五十四官 慶尙道가 七十一官 黃海道가 二十三官 平安道가 四十二官 江原道가 二十六官 咸鏡道가 二十四官 全羅道가 五十六官 總合 三百二十九州요, 또 京畿가 京都에 加入되니 水原廣州 江華 松都 또 黃海道 牛峰 一邑하여 다시 總合하면 三百 三十四州라 한다.

解에 이르되 錦山은 辰에 屬하니 九三度라. 辰巽은 九宮의 巽에 屬한다. 대개 天下의 年局

143

으로써 오직 우리나라 艮寅上數 奇儀門이 中宮에 入하여 우리나라 全局에 布列하고 我方局의 巽方宮奇儀門이 入中하여 布局하면 全羅道의 局을 推算함이라 한다. 巽은 全羅道 列邑에 屬하니 巽宮은 角 亢 翼 軫이 合하여 五十六度니 一局의 圓圖을 列成함이다. 分하여 八方을 作局하니 每方에 七度에 屬한 然後에 乾坤艮巽이 四維에 있어 조금 間潤함이 있으므로 一度를 加하면 乾坤艮巽이 八度씩 된다. 이르기를 本宮인 巽에서 角으로써 度數를 始出하여 圓圖를 右편으로 旋成하여 八으로 分作하면 錦山이 巽의 艮 初度에 屬하니 錦山이 艮에 있는 故로 艮上數가 中宮에 入하여 布局하고 또 그 中에 錦山全局을 推得하여 各面으로 分作한다. 艮에 八邑이 屬되고 錦山이 六星 三度에 屬하므로 艮의 初度에 付하여 左편으로 各一宮에 一度式 計算한다.

대개 年局은 中原局으로부터 오직 우리나라의 艮上數로 全羅道인 巽方을 推看한다. 또 그 다음 巽上數로써 錦山은 艮方으로 推看하고 錦山 艮局內에서 錦山의 一全局을 推看하게 된다. 이 中原 年局으로부터 다섯번 變하여 錦山 全局이 된다. 그 各道各邑도 其 分野를 隨하게 되니 다 이 方式으로 推得하여 各邑 八方을 布初하고 各 所在面을 布初하며 그 所在의 洞里까지 推得하여 可히 生門을 알게 된다. 官旣方 生氣方 福德方 禍害 絶命方이 全國에도 있고 各道에도 있고 各郡에도 있고 各面에도 있고 各里에도 있으니 무슨 方인지 알게된다. 度數를 이르키는 것은 本方으로부터 起頭하니

144

各道 各邑의 官長 得失과 民生의 苦樂과 年의 凶豊水旱 風霜災와 모든 吉凶 禍福을 並知하게 됨이라 한다.

九、列邑捿數

父母는 官長에 屬하며 太歲도 亦是 官長이라 한다. 그리고 鬼도 官長에 屬된다. 父母가 歲中에서 現하면 官長의 遞歸되는 것이 分明하다. 歲數가 中宮數에 比和되어도 그러하고 父母가 空亡되어도 그러하다. 歲月의 官鬼가 休囚되면 御吏에게 罷職 當하고 歲가 剋하여도 罷歸되는 것이 分明하다. 歲가 絕命을 逢하며 父가 動하면 官長이 死亡하게 된다. 歲가 休杜 되면 移動하기 어렵고 歲가 開門이나 福德이 되면 移動하게 된다. 官이 歲爻를 生하고 歲爻가 官爻를 生하면 移動하게 된다.

日辰은 人民에 屬하니 絕命 禍害를 逢하면 人民이 獄에서 死亡되고 또 이르되 絕命을 逢하면 殺獄이 禍害方에서 나옴이라 한다. 歲數가 官爻가 되면 많이 出獄된다. 官旺되면 不吉하니 農桑이 이 해에 不成한다. 그러나 護我方만은 吉하다.

父母가 中宮에서 動하면 尊上이 움직이고 官鬼가 動中되면 御史가 온다. 대개 凶한 者는 制하면 可하고 吉한 者는 助하는 것이 可하다. 凶을 助한 者는 凶하니 반드시 剋制하여야 한다. 그 中에 空亡을 잘 살피라. 그 豊凶과 水害와 모든 灾祥은 天時論 年局章을 參考하라.

大寒九局 我邦艮上局

甲申　九　四　驚
　　　七　六　壬宜　八　五　死
　　　　　戊游　二　鬼癸　十三　命杜
辛丑　二　戊游
壬戌　九　四　庚歸
　　　四　九　丙休
　　　　　　　五　八　丁體景
　　　　　　　　　　　　歲
　　　　　三十　乙開氣　八　辛害

斷에 이르되 歲가 中宮을 助하여 日을 剋하니 北湖에서 連하여 盜賊이 나오고 雙金이 日에 있어 驚門을 만나므로 人民이 多死하고 水灾가 있어 年事가 不吉하였다. 또 이르되 局이 伏吟을 만나고 歲干 歲支가 英柱星에 臨되었으므로 國憂가 가장 危急하였고 月干宮이 生門이며 天宜가 되므로 끝에 가서는 脫危하였다. 火鬼가 中宮에 動하고 歲에서 受生하며 또 雙金이 兼旺되어 旺地에 居하고 庚丙을 逢하므로 朝野가 大亂되었다. 그리고 逆禍의 象이나 雙金이 鬼가 되지 아니하면 이러한 象이라 할 수 없다. 대개 日上에 雙金이 旺旺하고 歲君을 沖剋하는 이 伏吟을 逢한 故로 끝에 가서 平定되었다. 火鬼가 剋을 受하고 局이 것이니 雙金이 旺旺하므로 刑殺의 象이라 하겠다. 火鬼가 動中되면 逆亂이 일어남이라 한다.

天地盤五十이 或 得地되어 下剋을 受하면 土地가 流失되고 上이 下를 剋하면 **凶荒**이 된다.

全羅局 巽方 分野

日			
五八	十三	一二 歲	
八五	七六	六七	
三十	四九	九四 月	

斷에 이르되 雙金鬼가 兼旺하여 月上에 入하니 소란하고 刑殺의 象이라. 그러나 鬼가 歲中에서 不動되므로 兵亂까지 되지 아니 하였다. 日支는 人民에 屬하니 日支가 空亡 絶命의 地가 되고 庚金의 雙鬼를 逢하여 冲剋되고 門卦가 不吉하니 이로 因하여 人民이 動搖되고 傷害가 많았다.

天盤一六이 居旺되고 또 六水가 中宮에 動하여 歲를 剋하고 또 雙金 旺鬼의 生을 受하며 二七이 剋絶의 地에 있으므로 大水가 있다. 地盤 五十이 得地되나 剋과 陷과 空亡을 受하고 天盤 五十이 失地되므로 이 해가 흉년이 되었다. 父母가 中宮에서 動하고 歲가 上剋을 受하며 歸魂을 逢하므로 官長이 交遞되고 歲數가 官鬼를 剋한 故로 官長이 京師에게 罷免을 當하였다.

147

全羅局에 乾方

九 四 珍島　　四 九 羅州　　五 八 羅州

二 二 南海　　一 二　　　　十 三 務安

七 六 長城　　八 五 咸平　　三 十 死官

斷에 이르되 이 八邑局이 上의 壬戌局으로 同一하여 크게 소란할 象이다. 그 中에 咸平地의 分野가 死宮에 居하여 剋을 受하고 死門 禍害를 逢하므로 八邑中에 最凶하였다. 그러므로 人民이 많이 傷하였다.

八邑內에 咸平 一邑局

六 七　　一 二　　二 一
九 四　　八 五　　七 六
四 九　　五 八　　十 三

斷에 이르되 七火가 空을 逢하고 剋을 受하며 歲支가 冲剋되는 故로 人民이 疾厄의 소동이 나고 雙金이 妻財가 되므로 人民이 多傷되고 또 歲鬼가 되어 禍를 逢한 故로 官長이 罷職을 當하였다. 그리고 五十이 失地하므로 年事가 大凶하고 六水가 旺地에 居하므로 大荒은 免되었다.

全羅局內에 兑方 五邑局

| 八五岩 | 五靈 | 三十大 | 靜 | 四九旌 | 義 |

| 二三津 | 康 | 十三 | 九四州 | 濟 |

| 六七 | 七六 | 二二州 | 濟 |

斷에 이르되 陷空이 尅을 受하며 驚門禍害를 逢하니 人民이 不寧하고 官鬼가 中宮에서 動하였으며 歲의 雙父母를 逢하여 受尅되므로 官長이 禍를 被하여 罷職을 當하였다. 또는 雙金이 子孫이 되니 人民이 多傷되고 五十이 失地하며 受尅된 故로 年事 不吉하였다.

五邑內 濟洲一邑局

十三	五八	六七
三十	二二	一二
八五	九四	四九

斷에 이르되 歲가 尅을 受하고 禍害를 逢하며 雙金父母가 中宮에 動하니 官長이 厄害를 被하여 罷職되고 天盤五十이 旺地에 居하나 尅을 受하고 空亡을 逢하며 雙金이 動中되었으므로 外面은 豊年같으나 內面은 虛亡하였다. 또 이르되 歲尅을 受하고 空을 逢하며 또 中宮의 父

母가 動中하였으나 歲支를 冲하니 官長이 편안치 못하므로 罷職된 것이다. 日이 月宮九金의 冲剋을 逢하며 剋되고 絶되고 空地에 立하며 門卦가 凶하니 人民이 撓亂하며 傷害를 受하였으나 겨우 免凶은 되었다고 하였다.

益山 一邑局은 위의 壬戌局인 全羅局 八邑이 同一하다. 대개 우리 八道 各邑이 다 위에 解說한 法으로 推數하면 萬無一失되오니 이는 참으로 絶妙한 術法이다. 조심하여 浪傳하지 말 것이라 한다.

十、趨吉論

泰平을 찾아 避亂은 오직 나의 護我方을 구하니 護我方은 百事에 宜하고 그 中에 吉門卦를 加하면 더욱 吉하다. 避亂은 生되는 方이 第一이니 이 方所는 다 利하다. 官剋方이 最凶하니 百事가 不吉하다. 泰平의 時는 亂世와 다른 故로 오직 나의 流年局中 護我方이 어느 곳에 있는가를 보아 此方으로 가면 吉하고 百凶이 不入되니 自然히 有助함이다. 官剋方은 百事가 다 凶하리라 한다.

月局과 日局도 護我方이 第一이니 그 해의 護我方을 찾아서 가라.

이 해의 每月局에 護我方이 이 해의 年局護我方에 合하면 大吉하다. 혹 年局에 不合되면 그 해의 年局中 護我方을 좇고 또 月局의 護我方이나 日局護我方을 좇아 居하게 되면 大吉하다.

護我方을 從하여 避亂하면 百凶이 不犯하니 安泰하다. 그 中에 吉門卦가 되면 吉하고 凶門卦면 子孫方을 찾으라.

護我方에 兼하여 開門 生門 生氣 福德 天宜를 逢하면 大吉하고 歸魂 杜門도 무던하고 死門 絕命 傷門 禍害門을 逢하면 最凶하다. 그 中에 朋切方은 次吉方이라 한다.

平生局의 護我方에 居하면 이 땅에 있는 것이 吉하니 이러한 곳에 살고 있으면 戰時에 避難을 아니하여도 吉하다.

나의 年月日時局中에 護我方을 가리킴이니 此方이 一이라면 或 一里、或 十里、或 百里、或 六里、或 六十里、或 六百里요、二라면 二十里 二百里、或 七里 七十里 七百里라 한다. 이러한 곳에서 산다면 事業이 大盛하리라 한다. 만일 本里의 護我方을 擇하면 더 吉하다.

護我方을 從하여 出行하되 節號를 부르면 神助를 得하게 된다.

대개 護我方을 좇아 나갈때 그 節의 神을 아홉번 부르고 나가면 吉하다. 例 立春節內에 出行하게 되면 艮方을 向하여 서서 頓足을 七次하고 아홉번 天市라는 神號를 부르고 出行하게 되면 반드시 神明의 도움이 있다. 다른 節도 이와 같이 한다.

十一、二十四節 神號

立春節은 天市이니 艮이요　　雨水候는 天培니 寅이요

驚蟄節은 天苑이니 甲이요

春分候는 天命이니 卯요
立夏節은 太乙이니 巽이요
夏至候는 天馬니 午요
立秋節은 天關이니 申이요
秋分候는 小微니 酉요
立冬節은 天廐니 乾이요
多至候는 天疊이니 子요

이 글은 六戊篇中에 出함이라 한다.

不幸世의 避難은 邦國의 護我方을 推尋하니 그 中 吉門卦를 兼逢하면 大吉하다.

비록 護我方이라 하나 凶門卦를 逢하면 不吉하다.

里의 護我方도 命과 剋이 되면 不宜하니 子孫門으로도 擇하라. 그러므로 里中八門에 去할 곳을 찾으라.

대개 天下의 局으로 我邦을 미루어보고 우리나라로써 各道를 미루어보고 各道로써 各邑을 推之하고 各面으로써 各里를 推之하니 可히 本里의 護我方을 알게 된다. 어느 곳에 있는가, 生門과 生氣와 天宜 福德 開門을 兼하면 大吉하다. 死門 傷門 絕命 禍害가 되면 비록 護我方이라 하여도 凶하다. 護我方은 本里中에도 있는것이라 한다. 그러므로 나의 年局中인 護我方을

清明節은 天庭이니 乙이요
穀雨候는 天剛이니 辰이요
小滿候는 天屛이니 巳요
芒種節은 天貴니 丙이요
小暑節은 南極이니 丁이요
大暑候는 天常이니 未요
處暑候는 天貴니 申이요
白露節은 天奎니 寅이요
寒露節은 天乙이니 辛이요
霜降候는 天輔니 戊요
小雪候는 天皇이니 亥요
大雪節은 天輔니 壬이요
小寒節은 天道니 癸요
大寒候는 天厨니 丑이라한다

擇하라는 것이다. 避凶 趣吉의 方途가 얼마든지 있다. 아무 年月日時에 禍亂이 있을 것을 미리 豫算하고 미리 護我方으로 避하면 大吉하다는 것이다.

九는 太白이 되고 七은 熒惑이 되며 五土는 天罡이 되니 이 三者가 다 凶하다. 日辰을 좇아 吉門 吉卦 門으로 避하면 亦是吉하다.

十二、 種穀 種樹論

이날 이때의 生門方에 심으면 吉하니 干生氣나 支生氣의 生門方을 一宮에 合하면 이것이 眞生이 되니 三合이 아니면 眞生氣門이나 生門이나 福德門이나 天宜門이나 生門을 從하여 처음부터 심기 시작하면 百穀이 善長하게 된다.

支局 生氣 干局 生氣가 門門一宮에 合日되면 이 三合生門이라 하니 眞生이라 하겠다. 만일 이렇지 못하게 되면 天宜 福德이 合되는 一宮을 先擇하여 심으면 大吉이니 이 方을 찾으라는 것이다.

十三、 守 穀 草

六丁을 써서 안에 감추고 八符를 써서 八方에 各各 묻고 八表를 높이 表跡하고 二十四生號

153

符를 田外에 布하고 田의 中央에 서서 太乙經을 七次 외우고 太乙符를 한 中央에 묻고 天罡方을 밟아 出行하니 即 이것이 空亡孤虛方이라 한다.

或 生門方으로 出하여도 吉하다고 한다. 故人의 經驗이 가을에 栗(밤)을 심었더니 까마귀 떼가 와서 밭가에 이 법으로 심은 것이다. 그 뒤에 밭에 가서 멀리 바라보았더니 까마귀가 쫓기에 이 법으로 심은 것이다. 그 뒤에 밭에 가서 멀리 바라보았더니 까마귀가 밭가에 돌아다니기만 하고 그 밭 가운데에 들어가지 못함을 보았다고 하였다. 使用할 符書는 下를 보라.

十四、六丁神將名號

丁卯 爐登代 神將
丁酉 山光子 神將
丁丑 澗越 神將
丁未 天河洞 眉神將
丁亥 王梁朋叉 神將
丁巳 沙澤 神將

十五、八門神將符

休門 霊 神將呪囉致鬼
杜門 霹 神將介野尸鬼
驚門 霸 神將未羅令鬼
生門 霜 神將方星來鬼
景門 雹 神將魔哩哆鬼
開門 霖 神將俺沙金鬼
傷門 霹 神將天龍神鬼
死門 霸 神將萬死鈏鬼

符門死　　符門杜　　符門休

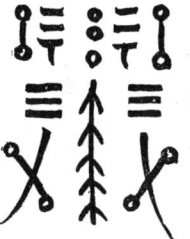　　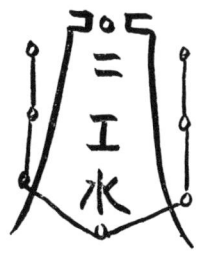

符門驚　　　　　　符門生

　　　　　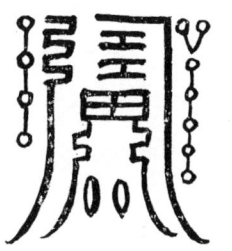

符門開　　符門景　　符門傷

　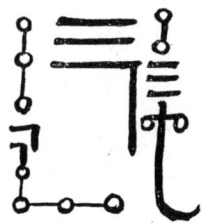　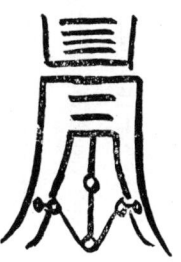

夏禹氏 七星步

① — ②
       |
③ — ④ — ⑤ — ⑥ — ⑦

① 一句 禹步相催登陽明
② 二句 禹步相催登陽明
③ 三句 蹋罡履斗齊光靈
④ 四句 回斡天罡斬不祥
⑤ 五句 惡洸**榙**扞邪魔魘驚
⑥ 六句 象星助我斬妖精
⑦ 七句 吾今履步敕大吉

先左足次次履步

八門所直에 開休生은 吉하고 杜景은 小吉하고 死 傷은 大凶하고 驚은 小하凶다. 休門이 坎水星을 配逢하면 萬事가 和集하니 治兵하고 習業에 大吉하고 修造 進取에 宜하다. 休門이 丁奇 太陰에 臨하면 人遁이 되니 營, 造, 安葬에 大利하다.

生門이 艮土에 있어 任星을 配하면 營造와 宮室과 入宅에 吉하며 또는 將軍에게 出兵시키어도 吉하다. 그리고 所求하는 데에도 大吉하다. 生門이 丙奇와 戊에 臨하거나 丁奇에 臨하면 天遁이라 하니 出兵에 大宜하다.

傷門이 震木과 沖星을 配하면 埋葬하는 데에 不可하고 上官으로 出行하게 되면 도적을 만나므로 不吉하다. 다만 무엇을 잡아오는 데에 宜하니 漁獵이나 討賊하는 데에 宜하다.

杜門이 巽木에 甫星과 配하면 掩捕하고 防奸에 宜하며 絶鬼營에 宜하며 墓土에 宜하여 修山採藥外에 餘事는 凶하다. 杜門이 三隱宮에 臨하면 埋葬에 宜하다.

景門이 离火에 英星을 配하면 文書를 提出하고 사람을 擇하는 데에 宜하며 景門이 三奇인 乙丙丁과 同會하면 九天의 天假가 되니 사람을 찾아보고 무엇을 求하는 데에 宜하다.

死門이 坤土에 芮星과 配하면 무엇을 주고 바치는데에 좋고 開門과 出行에 不宜하나 漁獵에는 利하다.

驚門이 兌金에 心星과 配하면 討捕와 訟事等에 宜하며 祈祭에 宜하고 敵의 영체를 襲擊하는 데에 宜하다. 驚門이 九天에 臨하면 人假가 되니 크게 遁逃에 利하다.

開門이 乾金에 心星을 配하면 遠行에 宜하니 諸事가 亨通한다. 投書와 獻策에 利하며 집 짓는 데에도 宜하나 斬草와 破土와 길을 옮기는 데와 墓를 파는 데에는 不宜하다.

開門이 乙奇와 같이 己土宮에 臨하면 地遁이 되니 葬禮모시는 데에는 宜하고 己土上 八門 中 生門 開門이 上吉이라 한다.

死傷門은 大凶하고 驚門은 小凶하다. 그러하나 各各 利함이 있다. 그 五行에 宜함을 從하여 用하게 된다. 그러므로 妙用이라 하는 것이 있다. 그 利함을 得하면 門門이 皆吉하다 하겠다. 또는 不得門이 되면 門門이 不吉하다 하겠다.

要컨대 返逆의 功을 알고 基旺을 살피며 그 返伏 二吟을 避하고 모든 刑剋 諸星을 避하며 三奇의 細論을 詳察하고 可히 八門의 精微를 推究하여 그 妙處를 得하면 天產의 地仙이 되고 그 要者가 除獵되면 傭人이라 한다.

十六、 九星의 所主

甫禽心은 三吉星이요、 冲任星은 次吉이요、 蓬芮二星은 大凶하고 英柱星은 小凶하다.

天甫時는 甲己日 己巳時요、 乙庚日은 甲申時요、 丙辛日은 甲午時요、 丁壬日은 甲辰時요、 戊癸日은 甲寅時이니 天甫星이 비추어 주면 有罪하여도 天赦하므로 救出하게 되고 또 兵器 앞에 있드래도 死傷當하지 아니한다.

天蓬이 禽子에 水星을 配하면 邊方을 安撫하며 城池를 修築함이 宜하다. 그리고 春夏는 將兵들이 大勝하고 秋冬에는 凶하니 主人이 利하고 客은 不利하다.

天芮가 子에 土星을 配하면 儒道를 崇尙하고 修道하고 朋友를 交結하며 師長에서 受業함이 宜하고 用兵 移徒 等은 不可하며 室星을 겸하면 四時가 다 凶하다. 天沖이 子鄕 木星이 되면 出師報讐에 宜하니 春夏에는 將兵이 다 이기고 秋冬에는 功이 없다.

天輔가 子鄕 水星이면 修道에 宜하고 將兵 訓習에 宜하니 春夏에는 크게 이기고 千里의 땅을 얻으며 入宮하여 修營하면 春夏에는 利하게 된다.

天禽이 子公 土星이면 祭祀 求福에 利하니 諸凶이 斷絕되고 將兵은 四時가 喜하며 功을 賞 주고 爵을 封하며 移徒하고 入宮하는 데에는 아울러 吉하다.

天心이 子襄 土星을 配하면 治病 合藥에 宜하고 將兵에는 秋冬이 吉하니 君子는 利하고 小人은 不利하다.

天任이 子韋 土星을 配하면 財數가 通하고 將兵에는 四時가 吉하며 萬神이 服從하고 敵人이 自降하며 移徒 上官 祭祈에다 吉하다.

天柱가 子申 金星을 配하면 屯軍하는 것이 宜하고 스스로 굳게 하여 隱跡하고 藏形함이 宜하다. 將兵과 車馬가 破傷되고 移舍 入官 祭祀에도 다 不宜하다. 天英이 子戌에 火星을 配하면 出入 遠行 飮食 作藥에 不宜하고 出兵도 不宜하며 移徒 築室 祭祀에도 不吉하다.

假令 多 上元 一局이라면 甲己夜半에 生甲子하니 一宮에서 起하여 丙寅時에 至하면 三震宮 上에 天沖을 得하니 直宿 出師復讐라 云云하는 것이다.

又는 夏至 上元 陰遁 九局이라면 甲己夜半에 生 甲子時라하므로 九宮离上 天英直宿을 得하니 乙丑時에 天任을 得하게되여 通財라 云云함이다.

欲見貴人出休門
　貴人을 보고저 하면 休門으로 出하고

欲圖避亂出生門
　피란하고저 하면 生門方으로 出하라。

欲得隱藏出杜門
　隱藏하고저 하면 杜門으로 出하고

欲求酒食出景門
　술과 밥을 求하고저 하면 景門으로 出하고

欲爲山獵出死門
　산에 가서 사냥하고저 하면 死門으로 出하라。

欲逮盜賊出驚門
　도적을 잡고저 하면 驚門으로 出하고

欲爲遠行出開門
　遠行하고저 하면 開門으로 出하라。

十七、到 任

到任되는 年月日時局으로 作卦하니 官과 歲가 相生하면 昇進하고 相剋되면 罷免當하게 된다.

官星이 太歲上數와 相生되면 遷移하고 相比하면 滿期까지 있게 되고 相剋하면 免職하게 된다. 官과 歲가 相生하면 반드시 옮기게 되니 옮기는 時期는 支局歲干數로 본다. 陽遁은 歲干天盤上 支局 所得數로 하고 陰遁은 地盤 歲干上 支局所 得數로 하니 所得이 一이면 壬年이요 二면 丁年이라 한다. 天盤歲干이 日에 있고 空郷이되면 地盤 陰干上數를 取하니 年으로써 數를 得하게 된다. 두번째 中宮에 入시키어 此宮에 至하여 一이면 壬月이요、 二면 丁月이니 月에 對하여는 空을 가리지 아니한다. 地盤歲干上에서 官과 歲가 相剋하면 罷免當하는 時期이다. 干은 逆으로 計算하되 어느 해인지 알 것이다.

陽遁干數면 逆하여 地盤 歲干上에 至하고 陰遁干數면 天盤 歲干上에 至하여 一이면 壬年이요、 二면 丁年이라 하니 이로써 中宮에 入시키어 두번차 逆數로 이에 至하여 一이면 壬이요、 二면 丁日이라 한다. 陽遁干數는 逆하여 地盤 歲干上에 至하고 陰遁은 天盤 歲干上에 至하여 一이면 壬年이라 云云하니 月이 墓를 逢하고 日干의 冲되면 方伯이 罷職되는 것이 分明하다. 歲가 墓를 逢하고 日冲이 되면 京帥가 와서 方伯을 罷職시킨다.

三 九는 寅申이요、二六은 巳亥요、一七은 子午요、八四는 卯酉요、十十은 丑未라 한다.

이것이 相冲이라고 보는 것이다.

日干이 歲月과 冲墓 相剋되면 不吉하고 福德 祿馬 貴人이 되면 大吉하다. 四吉이라 하는 것은 福德 祿馬貴를 가리킨다. 空으로써 官星의 所在 遷移方을 알게 된다.

太歲支가 空亡이 되면 처음에는 옮기는 것을 知得하니 再次 占쳐 다음에는 옮기게 되는 方向을 알게 된다.

十八、 五音으로 來者의 姓을 알고 어디사는 것까지 아는 法

二七火音이면 徵姓이니 李權鄭尹 等이요

五十土音이면 宮姓이니 沈宋閔林 等이요

三八木音이면 角姓이니 趙洪崔朴 等이요

四九金音이면 商姓이니 徐柳韓姜 等이요

一六水音이면 羽姓이니 吳許蘇孟 等이다. 陽遁干數가 逆하고 陰遁干數는 順하니 天盤歲干上에 至하여 一六이면 羽星 二七이면 徵姓이다. 歲干이 間宮이며 終聲이 있고 歲干이 正宮이며 終聲이 없고 中宮에 있어 終聲이 있기도하니 五音聲中에 가장 無終聲함을 考察하라. 그

牙音齒音 舌音 喉音 唇音과 宮商角徵羽音을 按察하여 그 무슨 姓인가를 推知하라. 終聲은 반

침이 다시 歲干上 姓音으로가 中宮에 入시키여 歲干上에 至하면 名字의 音을 得하게 되고 또 이것을 中宮에 入시키어 歲干上에 至하여 下名字의 音을 得하니 一三七九는 正宮이요, 二八四六은 間宮이니 正數에 加하여 終音이 없으면 間宮의 音을 加하여 본다. 그러나 終音이 없으면 間 數字에 加하면 終音이 되니 이것이 靈龜妙解姓名法이라 名字가 昭然하다.
歲干에 무슨 音을 得하였는데 宮音이면 宮土인 五數를 置하여 五數를 爲首하고 次로는 虛한 九數를 置하여 減卦하게 된다. 減卦라 하는 것은 震에 있다면 震은 三이니 三이요 离火는 即 七이니 이 七數를 虛한 九數內에서 減하면 餘가 二다. 또 여기에다가 虛九數를 놓아 本音 數인 歲干上에서 得한 本音數를 除한다. (本音數라 하는 것은 歲干上에서 得한 數가 本音이라 한다.) 그러므로 姓名字가 宮이면 宮五數를 虛九內에서 감하니 餘合하면 五二四가 되는 靈 龜法의 무슨 姓名字가 宮이면 宮五數를 虛九를 置하고 連次로 減하고 또 虛와 減을 가지고 地名을 아는 것이다. 歲干上의 後音을 得하여 虛九를 置하고 下名字를 得하니 이와 같이 하여 地名을 알고 두번차 歲干音으로 下名字를 알게 됨이라 한다.

十七、 五音論姓

五姓用音을 分屬하니 宮은 喉音이라 하여 土姓에 屬하므로 姓名의 音이 되며 그리고 목 안에서 나오는 소리는 다 宮에 屬되니 一音에 各各 二十四姓式 屬하여 있으니 이 姓은 東方의

盛族이요. 또는 東方 地理書에 紀錄되어 있다 한다.

土姓은 孫玄沈琴嚴天任晉閔陰鳳都陶景太貞邕鞠鮑河明扈氏 等이요.

金姓은 王龍張方柳元裵黃徐成房溫文白申慶南楊安俞盧全韓康姓 等이요.

木姓은 金趙奇周朱孔洪曹高崔石車夏劉陸權諸廉池朴卓林尙郢卜氏 等이요.

火姓은 李施陳邊鄭薛尹千羅蔡宋姜丁田咸邢石吉辛殷錢印愼宣氏 等이요.

水姓은 吳許蘇會孟西門表卞呂禹乜具睦秋魏魚單于魯延路南宮氏 等이라 한다.

例 丙寅年 丙申月 庚戌日 壬午時 處暑 上元局

五 生 乙 十 開 辛 九 杜 壬

二 死 己 三 癸 四 景 戊

七 驚 丁 六 傷 丙 一 休 庚

ㅅ ㅇ ㄹ ㅁ ㅂ ㄱ ㅣ ㄷ 壬 己 九

戌支가 妻에 屬하니 戌이 乾上에 屬된다. 戌數는 五요、壬數는 一이요、己은 百이니 十五
로 除하면 合數가 百五니 餘가 一數이라 一이면 가가 되고 가줄의 아홉째번이 그가 되니 그
下에 ㅁ를 加하면 금이 된다. 그러므로 妻姓이 金氏라 한다.
日支는 妻니 日支인 戌이 妻가 되고 戌宮은 乾이니 그러므로 乾上壬字를 取用한 것이요.
그리고 原來 戌은 數가 五에 屬되니 五數가 나오고 虛九를 取用하므로 九离上의 己을 取用하
여 百의 數가 나오고 壬의 數가 一이니 戌五 壬一己百하면 百六이니 十五로 除하면 餘가 一
이요, 一은 가 行이니 가 行의 九를 (虛九)用하면 그에 該當한다. 日符頭가 戌에 至하면 戌支가 기音이므
니 그에다가 ㅁ을 加하면 김이 되는 所以라 하겠다. 그리고 原來 戌宮이 ㅁ이
로 김이라 한다고 하였다.

ㄴㅅㅂ
ㅇㅁㄱ
ㄹㄷㅣ

先天數는 乾一 後天數는 乾六하니 그러므로 後天은 乾宮에서 六을 取用한다. 先天一數와
後天六數를 合하여 七數가 됨이라 하겠다. 그리고 戌方이 五니 五에 七을 乘하면 五七은 三
十五數가 되고 이 數에 杜門數를 合하여 杜門四數를 加하면 三十九數가 되니 이 數에서 十五
로 除하면 九가 나오니 九는 우리 國文行의 順次로 세어가면 가나다라마바사아자가 九번에 該

當하니 자가 되고 자行에서 先後 天數인 乾上數 七을 計算하면 자줄일 고체번에 쥬가 該當된 다. 이것이 日辰 符頭에서 자를 이렇게 庚戌에 至하여 쥬를 得함이라 한다.

先天乾一 後天에 乾六하여 合數가 七이니 加之하면 五七이 三五가 된다. 十五를 除하면 五가 餘하니 五다. 國文의 가나다라마에 至하면 五번에 마가 되고 日辰 符頭로부터 庚戌의 戌宮에 到하면 七이니 마行의 일곱번재가 무라 한다. 그리하여 地名은 무주 姓은 김이라 하였다.

十八、疾 病

發病 年月日時로 布局을 하니 專的官鬼의 旺과 衰와 死와 生을 보게 된다. 그러나 病에는 醫師가 必要함이라 한다.

하고 受生하면 病이 낫기 어렵고 반드시 죽는다고 보겠다. 鬼가 動하여 旺

鬼가 乘休되고 衰地에 居하면 病이 반드시 나으니 生하게 된다. 日이 生旺되면 살고 日이 死絶되면 死亡한다. 旺鬼라도 空을 맞으면 조금 輕하고 그 中에 日辰이 生門과 生氣를 逢하면 生하고 死門 絶命이 되면 死한다. 歸魂과 杜門을 逢하여도 危急하다.

日數를 克하는 날을 凶期라 보고 生하는 날은 낫는다고 보겠다. 歲月이 中鬼를 助하고 中宮이 歲月 鬼를 剋制하면 吉하다.

宮이 歲月鬼를 助하면 凶하고 歲月이 中鬼를 剋制하며 中宮이 歲月 鬼를 剋制하면 吉하다.

鬼가 歲를 助하고 中宮을 助하며 中宮이 日을 生하는 者는 다 살게 된다.

鬼가 旺하고 旺하면 鬼을 崇함이 있고 鬼가 衰死하면 鬼崇함이 없다.

水鬼가 旺하면 厠鬼요. 井川鬼요. 木鬼가 旺하면 木鬼요. 土鬼가 旺하면 宅鬼요, 또는 道路鬼라 하고 金鬼가 旺하면 佛堂의 鬼 또는 流浪하는 客鬼요, 또 이르되 胎면 產死鬼요, 養이면 神墓鬼요, 長生이면 五道 婆鬼요, 沐浴이면 水鬼의 作害요, 冠帶면 訟事에 顧限된 鬼요, 帝旺이면 家宅土地의 神이요, 衰면 山林鬼요, 病은 山墓의 靈이요, 死墓는 先亡된 公伯의 鬼가 作禍함이다.

福德日에 得病하면 꿈에 物色을 봄이니 西北方 物이 出入된 것이요, 天宜日이면 東北方 物이 出入한 것이요, 遊魂日이면 飮食 肉味에 干連된 病인 것이다. 本宮인 歸魂日이면 東方의 土金鐵物이 南方에서 出入되었고 禍害日이면 家神祭에 不淨된 것이요, 絕命日이면 三殺方으로 石과 木과 動土 成造의 탈이요, 絕體日이면 東方에 物이 出入한 것이고 또 밤나무를 찍은 탈이다. 火鬼는 熱하니 목이 마르고 답답하고 또 肺나 大腸이 病을 받은 것이고, 水鬼는 설사를 하며 或 浮腫이나 或 오한氣도 있으며 或 寒痰이며 或 濕病도 되며 또는 小腸이 病을 受한 것이다.

金鬼는 或 햇수 혹 구역 혹 肝膽이 病을 受하고

木鬼는 中風이며 또는 四肢가 不利한 節筋病이니 肝에 病을 受함이요.

土鬼는 浮腫이며 或 虛荒증이며 或 膀胱이며 脾胃가 病을 受함이라 한다.

鬼가 動하여 乘旺하니 病이 낫기가 어렵다. 巳日이 더 凶하고 三日을 가기 어렵다.

```
辛丁戊辛      
亥亥戌巳      
                    日
五二  一    六 世
二 十七 六    三 兄
   七     禍一
三四     八九  害八
二三     七五
   九八   六一
```

```
辛
未
       絶 六 日
       命 三 世
          一 兄
          八 禍
            害

庚
寅
    絶 九
    體 十 才
       八 父
       一
       七 孫
       二
       歸
       魂

戊
申
    四
    五 才
       五 官
       四
       十 月
       九 鬼
       天
       宜

己
未
    生
    氣
       福
       德
```

十九、應 試

日이 旺하니 病은 可히 救恤할 수 있으나 絶命이 있으므로 不吉하여 戊午年에 再發되었다.

應試하려고 占을 하러 오는 그 날의 年月日時局으로 作卦하여 吉凶을 決定하니 專的으로 官爻를 본다。官爻가 乘旺하고 兼旺하고 乘生하며 居生되고 受生하면 다 合格하고 이에 反對되면 不合格이다。歲가 中宮을 助하고 日을 生하면 合格되고 中宮이 歲官을 助하고 歲가 中宮 官을 助하여도 合格한다。

歲가 開門 福德 天宜 生氣를 逢하면 合格한다。그러나 대개 貴한 사람은 財가 動하는 것을 用하고 權을 希望하는 사람이면 殺이 動함을 要한다。

歲와 月이 다 같이 日을 生하고 歲가 月을 助하고 月을 生하면 合格한다。

이에 反對되면 不合格하고 만다。

官星이 空亡 孤虛地에 있어도 不合格되고 官星이 受生되면 비록 空亡이 되었으나 出空되는 時期에 合格한다。

官星으로 爲主 하라。

庚寅　日月
一　世
八　兄
六　孫
三
七
二

甲申
四才
五
三父
六
二孫
七

甲寅
九才
十
九官
歲五
時四鬼

丙
寅

歲가 中宮을 助하고 中宮이 日을 助하며 官爻가 歲宮에 있고 上에서 受生하며 開門 福德이 歲에 있으니 크게 昇進할 希望이 있다.

壬午
一才
六才
七　日
五　世

丙午
歲月
四官
三九孫
二兄
二十

丙戌
九鬼
三
十父
二
五父
七時

己丑

中宮이 歲를 剋하고 歸魂을 逢하니 반드시 不合格한다.

170

二十、 詞訟囚係章

訟事가 發生하게된 年月日時로 作局하여 官鬼를 보고 決定하니 鬼가 乘旺되고 居旺되고 兼旺하며 乘生되고 居生되여 受生하면 凶하다. 이에 反對되면 吉하다 하겠다.

歲가 中鬼를 助하고 中宮이 歲鬼를 助助하며 歲月이 아울러 鬼가 되면 大凶하다.

歲가 禍害 絕命 驚門 死門 傷門 遊魂 을 逢하면 大凶하다.

雙金 雙火가 歲에 있거나 中宮에 있으면 다 凶하다.

鬼가 乘死하고 居死하고 受死하며 空亡 孤虛의 地에 있으면 吉하다.

歲가 中鬼를 剋하고 中宮이 歲鬼를 剋하면 凶하고 歲가 中宮을 助하고 中宮이 日을 生하며 歲日이 아울러 月을 生하고 中宮이 日을 生하여 受生되면 다 吉하다.

歲가 生氣 福德 天宜를 逢하면 吉하니 病占과 理致가 同一하다.

子孫이 兼旺되어도 다 吉하다.

辛　　　　　　　　　　　　　　　　　　辛
未　　　　　　　　　　　　　　　　　　未
癸　　　　　　　　　　　　　　　　　　癸
巳　　　　　　　　　　　　　　　　　　巳
丙　　　　　　　　　　　　　　　　　　丙
辰　　　　　　　　　　　　　　　　　　辰
癸　　　　　　　　　　　　　　　　　　癸
巳　　　　　　　　　　　　　　　　　　巳

歲가 日을 生하니 死刑은 免하나 鬼가 乘旺하니 刑厄은 있게 된다.

二歲
九父
七父
四才
八三孫

五月
六日
四時
七世
三官
六鬼
一十
五鬼

丙　　　　　　　　辛
子　　　　　　　　未
辛　　　　　　　　乙
卯　　　　　　　　酉
辛　　　　　　　　丙
巳　　　　　　　　辰

歲가 中鬼를 剋하니 死厄은 免되나 雙鬼가 動中하니 刑務所에 가게된다.

一兄
五世
六十
七九孫
日

四父
二鬼
三三
二四孫歲

九時
七父
十六
五一才
月才

三十、失　物

失物된 年月日時로 作局하니 대개 失物의 類가 乘旺되고 居旺되면 終當에는 失物해 버리지 아니하게 되고 空亡되고 孤虛되고 剋되며 死絕衰地에 있으면 끝까지 失物되고 만다. 文書는 父母에 屬하고 財物은 妻財에 屬하며 衣帛 布綿 苧麻 苽果 竹紙 眞任 籠櫃 모든 木物 等은 木에 屬하고,

米 豆 太 모든 곡식은 土에 屬하며 담배 누룩 銀 金 칼 반지 비녀 모든 鐵物은 金에 屬하고 고기 및 水産 모든 海産物은 水에 屬하고,

六畜인 牛 羊은 十에 속하고 犬은 五에 속하고 도야지는 六에 속하고 닭은 四에 속하고 고양이는 三에 속한다.

위에 가리킨 物品이 受生되고 居生되고 旺하면 비록 失物되었으나 도로 찾게 된다. 失物이 비록 空地에 居하나 受生하면 解空되는 時期에 찾게 된다.

鬼를 生하는 곳이 賊의 藏物處라 하니 鬼在한 곳이 賊의 去處라 한다.

鬼가 陽이면 男子 도적이요, 陰鬼면 女子 도적이니 鬼가 八卦에서 있는 곳을 보아 賊의 男女 老少를 區分한다.

乾은 老人 艮은 少男 坤은 女老人 兌는 少女 震坎은 大人男子 巽离는 大女人이라 한다.

鬼가 內卦에 있으면 隣近 사람이 도적하여 간 것이요, 鬼가 外卦에 있으면 遠方人이 賊去한 것이라 한다.

內卦는 坎艮 震巽宮이요, 外卦는 离坤兌乾宮이라 한다.

또 이르되 日辰과 近하게 있으면 隣人의 賊이요, 日辰과 멀리 떨어지면 遠方의 賊이라 하니 失物의 所在地도 이와 同一한 理致라 한다.

鬼가 아울러 吉門 吉卦가 되고 鬼가 當旺하면 찾기 어렵다.

鬼가 受助되고 生生하면 一、二、三、四次나 더 失物하게 되다.

鬼가 旺하면 찾기 어렵고 鬼가 衰하면 可히 찾을 수 있다.

子孫이 兼旺하고 旺相하며 中宮에서 動하면 可히 失物을 찾게된다.

歲와 中宮이 鬼를 剋하여도 찾게된다.

鬼가 旺하여 中宮에서 動하면 可히 찾지 못한다.

辛未　歲 一 兄
　　　日 八 孫
　　　世 二 七
　　　六
　　　三

庚寅　才 九 父
　　　十 八 孫
　　　　 一 七
　　　　 　 二

戊申　才 四 官
　　　五 五
　　　四

己未　　　 十 月
　　　　　 九 鬼

日이 旺하고 鬼가 休囚되니 도적을 잡게된다. 도적이 東北에 있고 사람은 長成한 男子의 도적이라 한다.

逃亡

玄武에 있는 盜賊을 잡으려 하면 一六水의 所臨方을 찾으라.

一六水를 玄武라 한다.

一六水가 死傷絶禍를 逢하면 끝에가서 잡게되니 乘死하고 居死하고 受剋되어도 亦是 잡히게 된다. 六水가 華蓋宮에 있으면 避한 者를 찾기 어렵다.

또는 生旺地에 있어도 찾기 어렵다.

그리고 生門 生氣 開門을 逢하여도 찾지 못하며 天驛 二馬를 帶하면 遠地로 避한 것이라 하다. 그리고 反吟 伏吟卦가 되어도 遠外로 逃走한 것이다.

五十土가 되면 도망한 者를 捉得할 수 있고 歲中이 日辰을 助生하면 可히 잡게 된다.

三十一、求財章

所求할 物數가 旺生되면 求하게 되고 休囚되면 求하지 못하게 된다.

例라 木綿을 求하는 데에 木이 寅卯宮에 있으면 旺하므로 求할 수 있으나 申酉地에 있으면 金은 木을 克하므로 求하지 못하게 된다. 또 이르되 所求의 物이 乘時하여 旺氣가 있으면 吉하고 乘死하면 不可하다. 財가 旺하고 長生의 地에 있으면 可히 求하게 되고 剋되고 絶되고 死되는 地에 있으면 求하지 못하게 된다. 求財하는 데에 財가 生되는 日字에 可히 이루어게 된다.

局內에 妻財를 參考하라.

```
戊 癸 癸 戊
戌 亥 未 辰
   日    時
一世 九  二 七
六兄 四父 八孫 三
   歲  一  八
五鬼 九父 二才
   月  十  三
      官  七才
```

斷에 이르되 坤方으로 出하여 求財하니 日辰方이 中宮에서 受生되므로 크게 財가 有益하다.

그리고 財가 長生의 地에 있고 生을 받으니 庚日에 取得하고 戊己日에 돌아오리라.

```
戌 甲 甲 己
戌 寅 午 巳
   日  五  十
二父 八世 三兄
七父 四九鬼 一二孫
八歲 三十才 六月
五才    七孫
```

176

三十二、婚　姻

婚姻말하는 年月日時로 作卦하되 男家에서는 財로써 妻를 하고 女家에서는 官으로써 夫를 한다. 男子便에서는 財가 旺旺하고 生生하면 大吉하고 財가 空亡되거나 絕되고 受剋되면 不吉하다. 女子便에서는 官이 旺旺하고 生生하면 大吉하고 官이 空亡되거나 絕되거나 受剋되면 不吉하다.

歲와 中宮의 助生 助剋으로 吉凶을 論하니 吉門卦가 되면 大吉하고 凶門卦가 되면 不吉하다.

婚處가 二三이 되는 경우에는 그 中에서 日辰과 生助되는 姓氏를 擇하여 決定하라.

斷에 이로되 坤方에 가 財를 求하니 護我方이 된다. 歲가 中鬼를 助하고 日辰이 下克 上되니 내가 가나 저 사람에게 詐欺를 當하였다. 그리고 財가 剋을 受하니 求하지 못하게 된다. 護我方으로 出하였으나 不求되고 後期로 留하였다.

		日時
己丑	二四	兄
	七九	世財
庚午	月孫	八財
	五一	官
癸酉	四二	三財
辛酉	孫	
	十六	一五
	父	
	六十	父歲

斷에 이로되 中宮에 官星이 動하여 乘旺하고 雙財가 兼旺되니 夫婦가 비록 偕老하겠다하나 火金이 相戰하므로 뒤에 반드시 송사하게 되리라.

三三、出行 章

日辰의 護方이 되는 곳으로 出行하면 百事가 다 좋다. 官剋方이나 或 洩氣되는 方과 (洩氣方(假令 甲乙 寅卯日辰인데 丙丁方이면 木生火라는 것이다.) 空亡되는 方으로 出行하면 다 不吉하다. 比劫方은 次吉되고 子孫方도 次吉되니 生門 開門에 兼하여 生氣方이 되면 吉하고 死門 絕命이 되면 出方이 大凶하다. 年月日時의 局을 八方으로 검토하여 日辰의 上下와 一局의 動靜을 잘 살피라.

대개 日의 地盤數가 主가 되고 天盤數가 客이 되니 上이 下를 生하면 出行함이 宜하고 下가

上을 剋하면 出行하지마라. 日辰이 受剋하여도 不宜하다. 만일 日辰이 死門 傷門 驚門 絕命 禍害가 되면 出行에 大不宜하다.

日이 乘死되고 居死되며 다시 歲支의 凶運을 逢하면 出行에 다 不宜하다.

歲가 中鬼를 助하고 中宮이 歲鬼를 助하며 雙金 雙火가 動中하거나 日辰에 있으며 또는 雙鬼單鬼가 中宮에 動하여 受生되면 出行에 다 不宜하다.

日이 旺旺하면 가장 奇特하고 百殺이 다 풀어지므로 大宜하다.

上下가 相比되며 上下가 相生하면 다 大吉하다.

下가 上을 生하면 不吉하다.

대개 日辰數가 主가 되니 내가 가서 무슨 일을 求할 때 下가 上을 剋하면 不宜하다. 다만 上이 下를 生하는 것이 좋다. 만일 上이 下를 剋하면 急하게 求하면 或 되는 수가 있으나 長期로 求하게 되면 不成한다.

저 사람이 와서 나에게 求할 때는 不吉하니 上이 下를 克하면 사기 當하고 만다. 下가 上을 剋하면 저 사람에게 사기를 當하지 아니한다.

木鬼가 動하면 交通事故가 發生하고 土鬼가 動하면 道中에서 도적을 만나고 火鬼가 動하면 病厄이 있고 火灾를 본다.

金鬼가 動하면 釰亂이 있고 或 病厄이 있기도 하다. 水鬼가 發動되면 覆船될 염려가 있으니 위와 같은 경우에 凶門卦를 兼하면 死亡한다.

歸魂 杜門卦가 되면 가다가 道中에서 도로 돌아오게 된다.

日辰의 支數로써 머무르고 있는 日字를 定하고 日干數로 집으로 돌아오는 日字를 定하게 된다. 支數가 一이면 一日을 留하고 二면 二日을 留하며 干數가 一六이면 壬癸 亥子日에 歸家한다.

丙辰　　歲　日
癸亥　　財　世
癸卯　七六　二一　三十
丁酉　　財
　　　十三　官
　　　　　　九　四　孫
　　　　　　　　　八　五　兄
　　　　　時　月
　　　五　鬼　父
　　　八　六七　二
　　　　　　　　二

斷에 이르되 乾方으로 出하여 財를 求하나 日辰 三八木이 下를 剋하니 途中에 바람을 만나 因하게 됨이라 한다. 急하게 求하고 느리게 마라, 財가 長生의 地에 있으니 可히 求하게 되리라. 日上의 木이 克하므로 卯日에 歸하고 甲乙日에 得하리라.

三十四、待 人

日辰의 天數가 行人이요 日辰 支數가 家宅이 된다. 行人이 前進하면 不來하며 後退하면 歸家하고 下가 上의 子孫을 生하면 子孫이 前進하므로 不來한다. 鬼나 官이 위의 경우와 同一하여도 途中 阻滯되고 沈吟되며 妻財가 退神이 되면 必然코 家宅으로 歸來하게 된다. 上이 下를 克하면 不來하고 下剋上하면 반드시 돌아온다. 兄弟가 되면 더디어 不來한다.

歲가 下宮을 助하고 日이 生을 受하며 中宮이 歲를 助하여 日을 生하고 歲月이 같이 日을 生한 者 歲가 月을 助하며 日을 生한 者는 行人이 반드시 歸家하게 된다.

歲가 中宮을 助하나 日을 剋하고 中宮이 歲를 助하며 日을 克한 者 歲月이 같이 克한 者, 歲가 月을 助하여 日을 克하면 行人이 阻滯하게 되는 것이 分明하다.

九六이 鬼가 되면 沉病이 되고 死門 絶命을 逢하면 死亡하게 된다.

그 돌아오는 날을 알고저 하면 干數가 逆으로 日辰 數에 至하여 一六이면 壬癸亥子日이니 遠近을 比較하여 그 歲와 月을 分하라.

遠近이 되면 逆數로 하여 歲月에 至하여 決定하니 歸鄕의 應期라 한다. 그러나 太歲 歸魂이 座下하였으면 바로 歲에 붙은 그 數로 決定하고 만다. 干과 支의 年數 計算은 先見되는 대로 決定

歸魂上數가 逆하여 歲支上에 至하여 一六이 되면 亥子日이다.

181

하게 되니 推知하라.

```
       時 月 歲
乙 酉   官   鬼
       十 五
       四 九   六 八 兄
甲 申   父     日
       三 二   世
       一 三   一 三
庚 子   孫     日
       八 九   馬
       六 五   四 八 兄
甲 申   父
               四 十 財
```

斷에 이르되 驛馬가 日辰에 있고 父母가 위에 있으니 八日 丙辰日에 必然 歸家하리라.

日辰이 子日이니 申子辰 馬가 寅에 있으므로 三木寅을 驛馬라 한다.

三五、訪 人

日辰의 天數가 내가 되고 日辰의 支數가 彼人이 되니 我라 하면 杜門과 歸魂인 隱藏을 만나지 말 것이다. 相生된 吉門卦를 만나면 吉하고 相克되는 凶門卦를 逢하면 不好하고 空이 되어도 그러하다고 하겠다.

三六、開 店

日의 前後 左右와 年月日時 局이 相剋되고 凶門 凶卦가 되면 그 집에 들지 말고 相生되며 吉門 吉卦가 되면 開店하라。 官鬼가 旺하고 兼하여 凶門卦가 되면 賊害가 있다。 그리고 凶方이 되면 들어가지 말 것이며 吉門卦인 生氣 福德方이며 護我方이 되면 그 집에 들어 吉하고 官鬼方이 되며 禍害 絕命 傷門 死門이면 凶方이니 들지 말 것이다.

三十七、四柱設局法

巳巳　　干九　　支二　가入中　大雪下元局　陰一局

丙子　　支二

巳亥

　　　　　　　　七四　心歸癸
　　　　　官　　壬乙鷟

　　十一　　　　二九　蓬景福
　　柱浯　　　鬼　戊辛
　辛己
　傷

五六　歲支
乙丁　　　　九二　　　三八　時支
芮杜　　　　子孫　　　兄　任
母　宜　　　癸　　　　　庚壬
　　　　　　　　　　　　　　體

　　六五　　八三　日月　休
　　英開　　丙戊　沖生
　財　書　　　　　命
　　己丙　　　　　　　日
　　　一　　　　　　　干

　　　十　甫丁庚
　財　死氣

四支數가 合하여 二十이므로 九를 두번 除하면 남은 것이 둘이니 二數가 中宮地盤에 入하

184

여 坎坤震巽中乾兌艮离의 순번으로 順布하고 四干數가 合하여 一八이 되니 九로 除하면 九홉이 둘이니 天盤이 九가 된다. 九를 中宮에 入시키어 逆布하여 가니 离艮兌乾中巽震坤坎의 차서로 가게된 것이다.

陰局이나 陽局을 勿論하고 生門일으키는 法이 五子元法으로 甲戊壬子는 언제나 艮에서 일으키게 되고 庚丙子는 坎에서 일으키게 되니 이 局은 丙子日이므로 坎에서 生氣가 붙는 것이다. 書頭에 生門 붙이는 圖表를 하여 놓았으니 日辰이 무슨 宮에 당하는가를 보아 그곳에서 生門을 붙여 나가라. 그러나 이 局은 陰局이므로 坎에 生門、离에 傷門、巽에 杜門、兌에 景門、艮에 死門、坤에 驚門、震에 開門、乾에 休門이 붙는다.

夏至 後부터 大雪節까지가 陰局이요 冬至後부터 夏至까지 陽局이라 한다.

이 局이 大雪下元局이므로 一인 坎上에서 地盤 甲子戊를 이렇게 六儀를 逆布하니 戊가 坎上 巳가 离上、庚이 艮上、辛이 兌上、壬이、乾上、癸가 中宮上、丁이 巽上、丙이 震上、乙이 坤上으로 가는 것이라 한다. 그 다음 天盤 六儀를 붙이는 法은 時干으로 붙여 나가니 그 柱 己亥가 甲午 旬中에 들어있다. 그러므로 兌宮 辛字를 地盤 离宮 己字위로 옮겨 가니 그 다음 六儀가 돌아가 붙게 되므로 辛字 다음 坤宮 乙字가 离宮 己字의 다음인 巽宮으로 가고 그 다음 离宮 己字가 震宮으로 가니 이러한 式으로 돌아간다. 그리고 辛字와 己字가 한 칸 사이가 되어 있으니 한 칸式 건너 가게 됨이다. 그러나 다른 局은 세칸式 되기도 하고 또 네칸

式 되기도 하며 혹 제자리에 붙기도 하는 수가 있다.

中宮에 있는 天干六儀三奇字는 언제나 坤宮으로 나가게 되므로 中宮 癸字가 坤宮에 있는 것이다. 또 九星인 蓬星은 時干 付頭를 따라 붙으므로 時干 己亥가 甲午 旬中에 있으므로 甲午 辛인 辛字있는 兌宮에서 이렇게 順回하여 가니 陰陽遁이 一般이다. 그러므로 蓬星이 兌上 任星이 乾上, 冲星이 坎上, 甫星이 艮上, 英星이 震上, 芮星이 巽上, 柱星이 离上, 心星이 坤上에 붙게 된다.

九星의 順序 一蓬 二任 三冲 四甫 五禽 六英 七芮 八柱 九心이라 한다. 그러나 禽星은 中을 차지하고 있으므로 禽星이 빠지게 되어 蓬任 冲甫 英芮 柱心의 順으로 돌아간다. 그리고 歸는 歸魂이고 游는 游魂이요, 宜는 天宜요, 害는 禍害요, 氣는 生氣요, 命은 絕命이요, 體는 絕體요, 福은 福德이라 한다.

이 生氣 붙이는 法은 中宮 地盤數에서 九宮의 變化를 일으키니 中宮數가 二에 該當한다. 二는 坤에 屬되므로 坤三絕이 된다. 坤三絕卦가 一上生氣하면 艮上連卦로 變하니 艮宮에 生氣가 붙게 된다. 이러한 法이니 生氣法을 알면 이 式으로 붙여 나가고 生氣 付法을 모르면 書頭에 早見表를 하여 놓았으니 中宮 二를 찾아 옆으로 보면 艮에 生氣, 巽에 天宜, 乾에 絕體의 順序로 되어 있다. 그러하니 中宮이 무슨 數字가 되며 該當宮을 보라.

六親 붙이는 法은 四柱 日辰이 子字이니 子는 坎에 屬하므로 坎宮 三木이 自身이 되고 艮上

186

十土가 妻가 되며 震上의 五土가 財가 되며 巽上 六水가 父母가 되고 离上 一水가 父母가 되며 坤上 四金이 官이 되고 兌上 九金이 官鬼가 되며 乾上 八木이 兄弟가 되며 中宮 二火가 子孫이 된다.

歲時干이 巳字이므로 天盤六儀인 己字가 붙는 宮이 歲干이요, 月日干이 丙字이므로 三奇인 天盤 丙字 있는 곳이 月日干이 됨이라 한다.

그리고 奇門에 甲子가 遁藏하므로 甲인 歲月日時干이 될 경우는 假令 甲子歲月日時라면 甲子戊가 되니 戊가 甲으로 代用하게 되고 甲戌이라면 己로 代用하고 甲申이라면 庚으로 代用하고 甲午라면 辛으로 代用하고 甲辰이라면 壬으로 代用하고 甲寅이라면 癸로 代用하니 歲月日時를 이렇게 代用하여 보라.

年月日時四局

元局에 이르되 寅上數가 中宮에 入하면 正月局이요, 卯上數가 中宮에 入하면 二月局이라 하고 寅日 寅數가 中宮에 入하면 日局이 됨이라 한다. 日辰의 貴와 祿과 刑과 冲을 보아 日上에 到함을 參考하라.

月局은 每月의 生日生時로 作局하고 日局은 每日 生時로 作局하니 四局이 다 年局의 例로 推得하라.

만일 日數가 剋을 受한 者 雙金 雙火가 日에 있고 中宮에 있는 者는 此日은 出行을 하지 말

라. 出行하면 욕을 當한다.

天罡과 河魁 있는 方은 出行하지 말라. 戌은 河魁요 辰은 天罡이라 한다.

上下가 相比하면 누가 와서 나를 찾으니 그 오는 사람의 色모양과 姓名과 地號를 알 수 있다. 上下가 三合 六合을 作하여도 그러하다. 만일 日局이 雙水로서 父母가 되면 누가 고기를 나에게 선사하여 준다. 그러나 때가 春夏節이라야 그러함이다. 財가 日에 臨하여 財가 乘旺하고 兼旺이면 돈이 들어오게 된다.

대개 四局의 吉凶이 먼저 年局을 從하니 日月局도 年局을 從하여 推得하라. 그리고 歲로써 主를 한다.

三十八、己 身 論

日數가 乘旺하고 居旺하고 兼旺하여 生을 受하면 水에 빠져도 죽지 않고 불 속에 들어가도 타지 아니한다. 그리고 兼하여 吉門卦를 逢하면 壽와 福이 兼全한다.

中宮이 歲를 助하고 歲가 日을 生하는 자 陽이 陽을 生하면 眞生이 된다.

陰代陰 陽代陽은 不吉하고 陽代陰 陰代陽은 다 吉하다. 歲가 中宮을 助하여 中宮이 日을 生하는 者 아울러 다 貴하고 壽하게 된다.

歲에서 助함을 受하는 者 中宮이 日을 生하는 者는 다 吉하다.

歲가 月을 生하고 中宮이 日을 生하는 者, 日이 時를 生하는 者, 歲가 月을 生하고 日이 時를 生하는 者, 時가 日을 生하는 者, 月이 歲를 生하는 者, 時日이 아울러 歲가 月을 生하고 日이 歲를 生하는 者는 다 壽하고 福이 있는 사람이라 하겠다.

雙印이 歲나 中宮에 있으면 大富요 局內에 있어도 富하게 된다. 單印이 歲에 있어도 富하고 中宮에 있어도 亦是 財가 많다. 五十土가 天盤에 五十土를 逢하고 戊己가 日數를 作하여 도 大富가 된다.

年月日 三處가 아울러 受生되고 旺하며 相比되어도 亦是 富하게 된다.

그리고 四辰에 開門 景門 福德이 重重하면 極貴한 사람이 된다. 四辰이 絶命을 逢하고 雙鬼가 中宮에 動하면 極凶하니 도리어 吉하게 되므로 貴人이 된다. 運이 日辰에 있으면 吉하니 養運을 生하면 己身이 養子로 가게 된다. 天地盤 日干支가 吉格을 逢하면 大吉하다. 日數가 乘死居死하고 受剋되며 兼하여 凶門卦를 逢하면 夭壽하고 賤하게 된다.

歲가 月을 剋하고 月이 日을 剋하며 日이 時를 剋한 者는 大凶하다.

歲가 中宮을 助하고 中宮이 歲를 助하며 時가 日을 剋하고 月이 歲를 剋한 者 歲가 月을 克하고 時를 剋한 者는 凶하다.

日이 剋을 受한 者 歲가 月을 助하고 月이 日을 剋하며 中宮에서 한 者 時月이 아울러 歲를 剋한 者 月日이 아울러 歲를 剋한 者는 다 아울러 凶하다.

月이 絶命을 逢하고 鬼가 日辰의 위에 있으면 平生 苦厄이 많다.

日上의 七九가 歲月의 雙助를 得하면 殺이 도리어 勢를 지음으로 平生에 困苦하여 成功하기 어렵다. 日數가 病地에 居하면 반드시 病이 있게되니 日辰上下數가 陰陽遁을 無論하고 運이 日辰上에 오게되면 病이 發生하므로 頭部에 病이 있고 寅이면 足에 있고 申이면 身上에 病이 있게 된다. 亥日辰이 病地에 있으면 病이 있고 巳면 손에 있고 水土는 濕瘡이요, 火는 熱病이요, 金은 뼈가 傷折되고 木은 風病이요, 干數의 病이면 少壯의 時에 病이 있다. 支數에 病이 있으면 老衰時에 病이 있다. 그러나 門卦가 凶하면 重하다. 或 吉門卦가 좀 輕하다. 元局의 推運에 이르되 吉凶이 六親章에 分論되어 있으니 대개 運이 生旺宮에 到하면 吉하게 된다. 帶冠運도 吉하다 하겠다.

生氣 生門 福德 景門 天宜宮은 다 아울러 吉하고 死門 胎 墓地와 庚丙 芮星 柱星 死門 絶命 宮은 大凶하고 沐浴 衰 病宮도 不吉하며 그리고 庫墓宮에 到하여도 不吉하다. 吉門 卦에 凶門 卦가 붙어 있는가를 보아 參論하라.

絶體宮에 到하면 病厄 服制를 主하게 되고 本命宮 太歲 祿馬 財貴의 곳에 至하면 아울러 吉하다.

陽이 死하고 陰이 死하는 宮에는 다 不吉하다. 대개 陽이 生하는 곳, 陰이 生하는 곳, 陰이 死하는 곳, 陽이 死하는 곳이 있으니 先半 吉하고 後半은 凶하다.

190

初生한 年月日時가 元局이 되니 每年의 太歲 이르는 곳을 보아 歲干이 吉運에 떨어지면 그 宮이 비록 凶格이 되어도 輕하다 함이다.

凶運이 되면 그 宮이 비록 吉하다 하나 그 吉함이 彰達하지 못하다. 數가 干旺한 곳에 到하면 그 해가 吉하다. 門卦가 吉宮을 逢하면 亦是 吉하고 이와 反對되면 凶하게 된다. 當年이 空鄕에 當到하면 百事가 不成한다. 上克下宮하면 苦困이 많고 上生下宮하면 最吉이라 한다. 下가 上財를 剋하면 最吉함이라 한다.

例 陰一局은 甲申艮 乙酉兌에 乙奇가 絕鄕에 到하므로 끝까지 發展을 못함이라 하였다.

元局에 天盤이 爲主하니 每年 年干으로 客을 하며 內外策이 應하여써 動靜을 定함이라 한다. 歲가 月空을 逢하여도 吉運이 不成한다 하였다.

다음으로 每年 年月日時로 局을 作하여 男은 一歲를 离에서 일으키고 二歲에 坤을 넣어 十을 兌宮에 至하고 女 一歲를 坎에서 일으켜 八歲에 艮을 넣어 十歲에 兌宮에 至하니 日辰으로써 主를 하고 身을 하며 財父子官을 洪局例에 依持하니 太歲가 一年의 主가 되고 中宮은 一局의 將이 되니 日辰이 生氣 生門 開門 福德 景門 天宜을 逢하면 天上의 凶格이 있으나 끝에는 吉하다.

日數가 旺生地에 居하면 人口를 進하고 田財를 進하니 百事가 大吉함이라 한다. 當年의 支

가 旺旺하며 生生하고 더욱 길하다.

天數가 地數를 生하면 助益된 일이 많고 日의 三合處가 轉生되면 吉하고 轉剋되면 疾病이 있다. 日辰이 絕命을 逢하면 이 해를 保存하기 어렵다.

日數가 當年支에서 旺生되면 아무 연고가 없게 되고 歲가 死門 絕命이 되어 中鬼를 助한者 中宮이 歲 凶格을 보지 아니하면 끝까지 연고가 없다.

의 死絕鬼를 生하고 中鬼를 生助하면 壽命을 保存하기 어렵다. 死絕이 空亡을 作한 者 死絕이 官鬼를 制剋하는 者는 끝까지 無故하다.

絕命이 歲月日時辰에 重重하면 비록 空어 되나 天死한다. 絕命이 當年支에서 旺生되어도 亦是 한가지라 한다. 歲死絕이 空亡되나 日辰이 冲剋되면 空이 도로 生起하게 된다. 이런 해 는 집에 있으면 吉하고 出外하면 凶하게 된다.

中宮 官鬼가 絕命을 生助하며 中宮이 死門을 生助하고 旺鬼를 助하면 大凶하다. 日干이 受 剋되고 門이 宮을 克하여도 大不吉하다. 生門을 不逢하고 門이 克을 逢하여도 不吉하다. 日 干이 死地에 居하면 門이 生助하여 주나 一次 輕한 死厄을 지내게 된다.

三十九、 流年大運

日辰宮에서 시작하여 每宮마다 宮에 있는 地盤을 順으로 計算하여 가면 四十五歲에 一周가 끝짓고 그 다음 日辰 天盤에서 逆去하여 每宮마다 計算하여 四十五歲를 또 計算하니 地盤에서 四十五歲까지 끝나고 日辰 天盤에서 四十六歲부터 九十歲까지 算出이 나오니 一回에 四十五年式이 된다.

그리고 헤아려가다가 十二닿는 곳은 中宮에 있는 隱伏數로 計算하니 中宮數字가 假令 一이면 六으로 計算하고 六이면 一로 計算하니 이것이 隱伏數라 한다.

假令 日辰이 坎宮에 있는데 六數면 그 다음 坤宮으로 가게 되니 坤宮에 五數라면 合十一數이니 日辰에서 六歲를 지내고 坤에 五歲를 合計하니 十一歲가 됨이다. 이 法으로 年流를 計算하라.

그런데 運이 官鬼宮이나 絶命宮에 當到하고 當年의 支가 凶運에 至하면 이 때 運에 壽命을 保存하기 어렵다.

대개 官宮에 至하면 官爵과 得職하는 일이 있고 鬼宮에 至하면 疾厄과 禍厄이 있다. 六親에 對한 풀이法이 이와 같다. 그러므로 門卦의 吉凶 上下의 相克하는 動靜을 보아 吉凶을 斷定하라.

鈞歌에 이르되 天盤의 日干宮에서 初年을 이렇게 每宮에 九年式 算出하니 直付宮에 到하면 九年內에 官職이 높아지고 奇門宮에 到하면 吉事가 많다고 하였다. 陽遁은 順計하고 陰遁은 逆計하니 歲는 十五年을 管掌하고 月도 十五年 日도 十五年 時도 十五年을 管掌하니 人生

193

의 六十年을 算出하므로 歲宮이 吉하면 十五年內에 吉事가 많고 月도 그러하니 日時도 이와 같다. 그 中 年月日時에 凶도 있고 吉도 있으면 吉凶이 半半되니 吉多하면 吉이 多하며 凶多 하면 凶이 多하니 純凶은 局을 따라 論하라.

四十、壽夭論

日數가 乘旺하고 居旺하고 兼旺하며 生을 受하고 生門 生氣를 逢하며 雙印이 局內에 있으면 長壽하고 歲가 中宮을 生하고 中宮이 日을 生하며 中宮이 歲를 生하고 歲가 日을 生하여 도 長壽하게 된다.

年月日時가 日을 生하여도 다 壽하게 된다.

年月日時가 全部 絕命이 되고 雙鬼가 中宮에 動하면 凶이 極하므로 도리어 長壽하고 貴人 이 된다. 年月日時 四辰에 生門 生氣 福德 天宜 開門이 俱臨되면 百殺이 自然 消滅되니 極貴 한 사람이 된다.

雙印이 中宮에 動하여 歲에 있어도 百殺이 消滅된다. 그러므로 許多한 凶이 있어도 解消됨 이라 하겠다.

一凶이 여러 吉星을 除去하지 못하고 一吉이 여러 凶星을 除去하지 못한다. 그러므로 日이 비록 絕命卦를 逢하나 乘令되고 旺地에 居하며 雙印이 動中되고 歲에 있으면 壽하게 된다.

日數가 乘死하고 居死하고 克을 受하며 死門 絶命을 逢하면 天死한다.

鬼가 中宮을 生助하고 中宮이 歲를 剋하며 歲가 日을 剋하여 鬼를 生助하고 鬼가 當旺하면 日이 비록 乘生하고 旺하나 天壽한다.

雙鬼가 動中하여 乘旺하여도 天壽하고 中鬼가 九金의 助함을 受하여도 天壽한다. 雙鬼가 局內에 있으며 乘旺하여도 天壽한다. 歲와 中鬼가 九金의 助함을 受하여도 天壽하고 鬼를 助하는 者가 九金의 助함을 受하여도 天壽하게 된다. 아울러 日이 旺氣를 受하지 못하고 비록 吉門卦를 逢하나 天死를 免하기 어렵다.

歲의 九金이 中宮의 鬼를 助하고 中宮이 歲九鬼를 助하는 데에 日이 無氣하면 速히 天壽하고 日이 有氣하면 中이 歲絶命을 助하며 絶命 日月을 와서 剋하여도 天壽하고 日을 剋하여도 天壽하고 歲絶命이 日을 剋하고 또는 絶命이 中宮을 助하는 絶命이 日을 剋하여도 天壽하고 그 中에 生氣가 空亡되면 天壽하는 것을 救하기 어렵다.

歲月이 아울러 上宮七火를 助하며 日의 九金을 剋한 자 歲가 九金이나 七火가 되며 日이 絶命을 逢하면 出生한지 十餘日만에 死亡하게 된다.

年月日時에 九金과 七火가 相戰하고 年月日時가 다 絶命을 逢하면 日上의 七九가 乘旺하고 生旺하며 雙助함을 受하면 殺이 되고 勢力을 일으키게 되므로 天壽하고 歲日이

195

絶命을 逢하여도 天壽하고 絶命을 不逢하면 病이 많다.

雙鬼가 絶命을 作하고 日이 無氣하면 速히 天亡하게 된다. 九金이 年月日時에 重疊하여 日을 剋하면 日이 乘旺되나 速히 天死한다.

己上에 凶格인데 歲劫을 보며 日이 絶命에 臨하면 不日內에 死亡한다.

中宮이 雙七火와 雙九金을 助하면 元是 凶格이니 日辰이 乘旺居旺하더라도 免天하기 어렵다. 그리고 필경에 惡死하게 됨이라 하였다. 鬼가 當旺하여 生을 受한 者도 天死한다. 財가 極旺하여도 亦是 天壽한다. 天罡인 辰土와 太白인 九金이 鬼가 되어도 亦是 天壽한다.

日이 絶命을 逢하여도 元來 天壽하나 日이 乘生하고 旺氣가 있으면 不天한다. 日이 受生하고 歲中의 助함을 受하면 不天한다. 天壽하나

대개 一凶이 象吉을 不制하니 日이 비록 生氣卦를 逢하나 원수되는 雙鬼가 動中하고 乘旺하면 天壽한다. 그러나 日干이 乘旺 居旺하면 免天한다. 丙庚 芮柱 死門 絶命이 合하여 四辰 干支에 臨한 者 九 金七火가 日支에서 相戰하면 天壽한다.

洪局은 日辰으로 爲主하고 烟波는 時干으로 爲主하므로 日로써 時를 보게되니 時가 死門傷門 休門을 逢하여도 天壽한다. 그러나 日이 吉門卦를 만나면 不天한다. 時로써 日을 보니 日이 死門 絶命 休門을 逢하면 速天하게 된다.

日辰이 死門을 逢하고 時干이 絶命을 逢하면 死亡한다. 日辰이 旺하고 時干이 旺하여도 不

四十一、壽限論

日이 絕命을 逢하고 或 絕命이 日을 剋한 자는 아울러 絕命數로 決定하게 된다. 만일 絕命이 一六이라면 一六으로 決定한다. 夭壽는 單으로 計算하고 壽하는 사람은 十單位로 計算한다.

絕命이 日에 不臨되었으나 日을 剋하면 絕命數로 決定하지 않고 日干數로 決定한다. 妻財子孫 官鬼가 臨한 자는 絕命宮의 干數로 決定하게 된다.

그 中에 官鬼가 乘旺하여 日에 臨하면 即 鬼數로써 決定하니 零數도 亦是 그리하라. 만일 絕命이 受生하여 絕命에 比하여 日에 不絕되면 生氣宮數로써 決定한다. 生氣宮이 受剋하게 되면 歸魂宮數로 決定한다. 父母 兄弟가 日에 臨하면 歲支數로 決定하니 歲가 中宮을 助하고 中宮이 日을 剋한 者는 助하여 주는 수로 決定한다. 鬼가 雙助를 受하여도 亦是 同一하다. 絕命宮干數는 十을 取하고 生氣宮干數는 零을 取한다. 支는 十을 取하고 干은 零을 取한다. 鬼가 當旺하여 日에 臨한 者는 鬼數로써 取期함이라 한다.

財가 極旺하면 財數로 取期하고 鬼가 當旺하여 日에 臨한 者는 鬼數로 取期한다.

絕命은 十을 取하고 生氣는 零을 取하게 된다.

絕命이 生하며 當旺하면 歸魂宮數으로 決定하고 歸魂宮數가 當旺하면 日數로 決定한다. 만일 決數의 宮이 日을 生하면 다른 宮으로 決定한다.

대개 人間 萬事의 歸期가 다 干數로서 逆하여 陽遁 地盤 歲干上에 至하고 陰遁은 天盤 歲干上에 至하니 歲干上數가 一六이면 壬癸年이요, 二七이면 丙丁年이라 한다. 歲干이 空地에 있으면 冲宮上數로 決하라. 또는 絶命數가 逆으로 歸魂冲上數에 至하여 一六이 되면 亥子年이라 한다.

死門에 있으면 歸魂의 冲宮數가 되는 日辰上數로 決定한다.

四十二、人 品

五行이 年月日時에 雙成되어 陰陽이 相配되면 賢人이요. 五行이 春夏秋冬으로 四辰이 各各 順成하여 聯珠하고 純陰이 되면 聖人 아니면 天子라 한다. 純陽이면 聖人의 後孫이요. 또는 王妃라 한다. 或冲되고 向間하여 五行이 갖추어 雙成하면 聖賢의 質이라 한다.

乙丙丁 三奇가 年이나 月이나 日이나 時에 順聯되면 奇土라 하고 二火도 丁에 屬하므로 幻土術土라 한다. 年月日時에 加臨한 者도 幻土요 日時에 加臨되어도 幻土라 한다.

一六이 年月日時에 加臨된 者는 才土요, 單으로 日時에 臨한 者도 才土라 한다.

一六二七이 首尾 腹背에 있어도 才土요, 年月日時에 遁門 杜門 休門 死門 絶命이 重疊된 者는 隱土요, 日辰이 華蓋上에 있는 者는 術土요, 中宮이 歲鬼를 剋하고 歲鬼가 中鬼를 剋한

者는 治鬼하는 사람이라 한다. 艮은 山이니 鬼窟이라 하며 日이 艮에 있고 杜門이나 歸魂이 되면 山人이 많다.

四十三、考 終

사람의 凶吉이 各各 다르니 釰死한 사람과 藥死한 사람이 있다. 中宮이 歲의 九鬼를 剋하고 歲가 中宮의 九鬼를 剋한 者는 칼을 맞아 죽는다. 鬼가 中宮에 動하여 九金을 加한 者는 다 不吉하다. 土鬼가 動하여 九金을 보면 藥死하고 水鬼가 動하여 九金을 보면 水厄이 있으니 水死하기 쉽고 木鬼가 動하여 九金을 보면 落木殺이 있고 鬼가 動하여 위에 九金을 보면 火災를 보게 된다. 雙金이 中宮에 動하고 日이 土가 되면 客地에 死亡하고 或 道中에서 死亡하는 수가 있고 日이 木이 되면 매맞아 죽고 日이 水를 가지면 水死하며 日이 火가 되면 火死하고 雙金이 動하면 誅死한다. 雙九가 動한 中에 日이 傷門 禍害가 重疊하면 亦是 善終을 못한다. 오직 그 中에 歲가 中宮 雙金鬼를 剋하고 申宮이 歲雙鬼를 剋하는 者는 可히 救濟되고 오직 雙九가 動中된 者는 歲가 救助하여 주어도 할 수 없다.

辰 天罡 鬼가 九金鬼를 助하고 歲와 中宮에 加하여도 善終을 못한다. 歲九金이 中鬼를 助하고 歲月이 九金鬼를 生助하는 者는 아울러 大凶하다.

四四、會　厄　(動이라 하는 것은 中宮에 있는 것과 歲月日時에 있는 것이다)

歲月上에 雙九 雙七 雙金 雙火가 있고、九金이 歲에 加되었으며 七火가 月에 加한 者 歲가 克을 受한 者 歲雙鬼가 된 者 歲月이 아울러 日鬼가 된 者 火金이 歲中에서 相戰하는 者 歲가 禍害를 만난 者 天罡인 辰土와 丙火 庚金 七火九金이 相配된 者 다 禍가 되므로 刑務所에 가게 된다. 歲가 中宮 九金鬼를 助한 者 歲九金이 中宮鬼를 助한다. 雙七이 中宮에 動한다는 杖厄과 劍亂의 厄을 當하게 된다. 歲가 中宮 七鬼를 助한 자 歲七이 中宮 七鬼를 助한 자 雙鬼가 中宮에 動한 者는 약 먹고 죽기도 한다.

月上의 七鬼가 中宮을 助한 者 中宮이 七鬼를 助한 자 아래 사람의 害를 입게 된다. 鬼數가 逆數하여 歲支上에 오면 이로써 무슨 달 무슨 날에 禍厄이 오는 것을 알게되니 數가 一이나 六이 되면 壬癸年으로 본다. 月上에 雙火金이 中宮에서 助함을 受하면 반드시 厄을 當한다. 七九가 助함을 逢하면 當年에 禍를 보게되니 七이면 午年이요, 九면 申年의 例라 하겠다. 鬼方도 忌하고 鬼姓도 忌하고 鬼人에 있으며 이러한 運을 만나 끝에 가서 害를 보게된다.

日干이나 日辰上에 모든 殺이 오면 自身이나 家宅에 禍가 있으니 六親宮이 이와 同一한 運도 忌한다.

平生 大厄의 期는 鬼數가 中宮에 入하여 天盤 庚字 닿는데까지 逆數로 해어가 命이 된다.

一六이라면 壬癸年에 厄이 옴이라 한다. 天盤의 庚이 絶命宮에 있으면 地盤 庚上에 至하여 決한다. 만일 鬼數를 가진 支가 一回에 당으면 子年이요, 二回에 당으면 午年이라 한다. 歲가 受剋되면 歲數를 生한 者로 決定한다. 그러므로 例 歲數가 三이면 一水가 生木하니 水年이라 한다.

四十五、流年小運

每年 生年月日時로 作局하니 日數가 居旺하고 景門을 逢하면 婚慶의 일이 있고 人口를 進하게 된다.

父母가 日干에 臨하면 父母에 일이 있고 兄弟가 臨하면 遠方의 親友를 만나게 된다. 오직 財事는 不吉하다. 子孫이 臨하면 父母에 일이 있고 財가 日에 臨하면 財事가 吉하고 官이 日에 臨하면 官職에 入하고 또는 官人은 昇進하게 된다.

鬼가 臨하면 疾厄이 있다. 歲가 日을 生하면 身數가 大通한다. 日干이 死絶 傷害를 逢하면 凶하게 되니 父母에 臨하면 父母에게 재앙이 있고 兄弟가 臨하면 兄弟와 己身에 災殃이 있고 子孫에 臨하면 子孫에 災殃이 있다. 日이 歸魂을 逢한 者는 出入이 頻繁하다. 日이 剋되고 絶體를 逢한 者는 妻服을 입게 되고 人口를 損하게 된다. 歲가 歸魂을 逢한 者는 落職하게 된다.

歲驛馬가 日에 있고 中宮에 있으면 遠行하게 되고 日馬가 歲에 있고 月에 있어도 위와 같다. 日上下가 雙比되고 日馬가 中에 있거나 日干에 있는 者는 己身家宅이 遷移하게 된다. 遷期는 日辰 冲上數로 決定한다. 冲을 하는 數字가 一六이면 一六月이라 한다. 冲空되는 日月로 決定하라.

字는 日이니 一이면 一日이라 한다. 冲을 하는 數字가 一六이면 己身家宅이 遷移하게 된다. 支를 冲하는 數

日馬가 歲에 있고 中宮에 있으며 日數가 相冲 相剋되면 刑務所에 간다. 君子는 利하고 小人은 不利하다. 七九가 日에 있고 中宮에 있으면 家宅을 遷移하게 된다. 遊魂을 逢하여도 必然코 遷移하게 된다.

日의 上下가 六冲을 作하면 家宅이 자주 움직이게 된다. (六冲은 同一宮中에 一七、二六의 類라 한다) 六庚이 日支에 加되면 家宅이 亂하고 六丙이 日支에 加하여도 家宅이 亂하다. 丙庚인 七九五가 助함이 있으면 이 해를 넘기가 어렵다.

歲絕命이 日을 助하되 雙火 雙金 雙五가 되면 死亡하고 日絕命이 歲의 死絕鬼를 助하여도 死亡한다. 歲死絕이 中鬼를 助하고 中宮이 歲의 死絕鬼를 助하여도 死亡한다.

歲土의 火金鬼가 居旺하고 兼旺하여 日이 死絕을 逢하여도 死亡한다. 歲死絕이 中鬼를 助하고 中宮이 歲死絕을 助하여도 死亡한다. 그러므로 이 해 지내기가 가장 어렵다.

鬼가 中宮에서 動하여 生旺하고 乘旺하면 身厄이 온다. 만일 日이 受生하면 死亡하는데 까지는 不至한다.

202

雙罡 雙九 雙七이 日鬼를 作하고 歲나 日이 死門 絶命을 逢하면 身厄이 있다.

日上 七九二四가 乘旺하고 居旺하고 受生하며 歲와 日이 死絶을 逢하면 身厄이 있다.

陽을 生하는 것이 眞生이요 陽이 陰을 生하는 것이 眞生이 된다. 局內에 雙으로 助하는 것은 旺함으로 본다. 歲가 鬼가 되어 居旺하고 乘旺하고 兼旺한 然後에 死亡하게 된다.

九金이 歲나 中宮 上下에 있고 日이 死門 絶命을 逢한 者는 死亡한다. 歲가 剋을 受하면 大厄이 오고 禍가 온다.

鉤歌를 參考하라. 陽剋陽 陰剋陰이 鬼가 되므로 다 액이 오게 된다.

陽이 陰을 助하고 陰이 陽을 助하는 것은 다 眞助 됨이라 하겠다.

剋者는 비록 다 鬼라 할 수 없으나 官星도 亦是 厄이 至한다.

厄이 至하여 禍를 避하기 어려우니 고향을 떠나는 것이 吉하다.

歲上에 雙火 雙金이 中宮의 助함을 受한 者 大厄이 온다. 鬼가 動하였는데 中宮에서 生을 受한 자 厄이 오고 鬼가 動하여 中宮을 生한 者는 厄이 오게 된다.

歲와 日과 中宮이 三處가 上下에 火金이 있어 相戰한 자도 厄이 오고 歲가 傷門 害禍되는 자도 다 官厄이 온다.

日馬가 歲官이나 中宮에 있어도 반드시 官厄이 있다. 日干위에 二三凶格을 가지면 禍가 더욱 크다.

203

歲가 月鬼를 助하고 또는 歲와 月이 同一하게 鬼가 된 者 刑厄이 있다. 그러나 그 中宮과 歲가 日을 生하면 조금 輕하다.

鉤歐에 이르되 九金이 月干 直符에 加하면 大厄이 至한다 하였으니 刑務所에 간다. 天盤의 日干이 遊魂을 逢하면 더욱 甚하다. 然이나 歸魂이나 生氣를 逢하면 不久에 解消하게 된다.

直符 月干宮이 日空이 되면 소리는 있으나 實狀이 없다. 或景門 開門이 臨되면 凶이 變하여 吉로 化한다. 丙火가 直符 月干에 加한 者는 亦是 同論한다. 庚丙이 歲支宮에 加臨되고 死絕을 逢하면 大厄이 온다.

丙이 月支에 加하고 庚이 歲支에 加하여도 亦是 刑厄을 當한다.

무슨 原因을 알고저 하면 大槪 干의 禍厄이 歲上으로 부터 일어나는 것이다. 歲數가 一六이면 酒色으로 因한 事件이고 二七이면 文書 口舌 訟事로 因한 事件이요、三八은 舟車 綿布로 因한 事件이요、四九는 兵馬 錢財의 事件이요、六十은 土地 藥物 穀種의 事件이라 한다.

庚金이 加된 宮에 驚門을 逢하면 酒色으로 因한 일이요、景門이 文書口舌의 事요、休門 生門 死門은 財穀의 事요、開門은 官職事요、傷門은 남에게 모략을 當하는 일이요、杜門은 陰害를 입고 天芮는 民事의 件이요、天蓬은 貴人의 일이요、天冲은 日干에 加되면 사람에게 고기 잡고 사영하는 일이요、天英은 촛불과 紙物의 일이요、天任은 人事를 行하는 일이요、空亡은 亡한 일이라 한다.

四十六、 應期從知直月 一理須明萬解 (應期는 事件이 發生된 시기를 가리킨다)

九金이 直符를 月干 歲支에 加하고 七火가 直符 月干 歲支에 加하면 다 厄을 當한다. 그러면 鬼數를 中宮에 入시키어 逆數로 九金 七火에 至하면 直符 月干이나 歲支宮에 至한 것이니 그 數가 一回宮이 당으면 水月이라 한다.

만일 伏吟局이 되면 冲宮으로 決定함이 可하다. 三刑에 鬼가 兼된 者는 鬼月數로 決定하니 一六이면 一六月이라 하겠다.

陽土가 되면 陽年으로 보고 陰土면 陰年으로 보게된다.

歲가 受生하면 비록 庚丙이 直符를 加하여 있으나 干月이나 歲支가 無事하다. 그러나 七火 九金 五土가 助하면 保存되기 어렵다.

歲가 日을 剋한 者 歲가 剋을 受한 者는 受剋 當하는 月로 應期를 한다.

歲가 中宮을 助하고 中宮이 歲를 助한者는 助하는 月로써 應期를 한다.

歲上에 雙火 雙金이 中助함을 受한자는 火金이 病死되는 月에 應期가 된다.

水剋火하여 陽年이면 冬月에 應期가 되고 陰年이면 夏月에 應期가 된다.

雙印이 局內에 있으면 百殺이 自然 解除된다. 그러하므로 비록 雙金 雙火가 되어도 조금 輕하게 된다.

歲가 歸魂이 되면 落職하니 歸魂數를 中宮에 入시키어 逆으로 歲支宮에 至하여 一六이면 一月六月이라 한다.

庚丙이 日干에 加되면 몸에 疾厄이 있다. 鬼數를 中宮에 入시키어 逆으로 日干宮에 至하여 一六이면 水月이라 한다. 其他에 九金 五土가 日辰에 臨한 者는 鬼數가 中宮에 入하여 逆으로 日辰宮에 至하여 一六이면 一六月이라 한다. 九金이 日에 到하여 受洩되는 者 七火가 日에 到하여 受洩되는 者는 다 身病이 있다. 天盤 五土가 日에 臨하면 陰年에 自己의 몸이 근심이 있게 된다. 陽年이면 家宅에 근심이 있다고 보겠다.

天盤에 九七이 臨하면 亦是 憂故가 있다. 그의 應期는 冲上數로 決하게된다. 만일 一六이 冲上數가 되면 水月이요, 二七이면 火月이라 한다. 空亡된 者는 出空의 달이요, 絕된 者는 長生되는 달에 應期가 된다. 이 外에 대략의 禍厄은 丙庚數로 決定하니 丙庚數에 到하면 一六이면 水月이라 한다. 鬼가 干에 臨하였으면 그곳에 있는 數字로 決定한다.

財上에 있는 干數는 財事를 보고 子孫上數는 子孫을 보니 六親宮은 이로써 미루어 보라. 生門上 子孫數는 生産의 事가 있다. 絕命上 日干數면 官厄이 있다고 한다.

每年 生年月日時로 作局하여 天盤 戊己가 旺地에 居하면 이 해의 農事가 大鉤歐에 이르되

豊이 들고 庚辛이 旺하면 보리가 旺하고 甲乙이 旺하면 木綿 苧麻가 豊年들고 丙丁이 旺하면 소금과 담배가 豊年들고 壬癸가 旺하면 벼농사와 海魚豊年이 든다 하였다.

洪局의 一六 二七 三八 四九 五十 도 吉凶을 參論하라.

地盤 日干上에 庚丙芮柱가 加臨된 者 天盤 日干下에 丙庚이 臨한 者는 自身이 不吉하다.

天地盤 日干이 居死乘死하고 克을 受하며 死門絶命 傷門 驚門이 되며 門이 宮을 剋하면 다 不吉하다. 그러나 地盤에 日干이 居旺하고 乘旺하면 비록 衆凶이 있으나 凶이 몸에 不入하게 된다. 日干이 居旺하고 受生하면 宮이 門을 剋하되 日干上 天盤이 財와 合되면 財數가 大吉하다.

日干이 居死되면 門이 宮을 生하나 一次는 死境을 지내게 된다.

年月日時에 天盤 庚辛이 四九 雙金을 逢한 者는 아울러 疾厄이 있다. 丙이 日干에 加되고 絶命死門이 日支에 加된 者는 아울러 大凶하다.

丙庚이 日辰을 冲하고 日干이 空亡 되어도 凶하다. 歲支 日辰이 死絶을 보지 아니한 者 雙印이 局에 있는 者 歲에서 生을 受한 者는 吉하다.

四十七、父母論

父母數가 乘旺하고 居旺하고 受生하면 父母가 다 壽하게 된다. 그리고 貴도하며 富하기도 한다。 그 中에 生門 生氣 開門 福德 天醫를 逢하면 榮達하고 吉하며 늦게까지 모시게 된다。

天盤 五十土가 天盤의 戊己土를 逢하여 父母의 數를 作하며 旺하면 富家의 生出이라 한다。

生門이 絶命과 同宮하면 生門이 爲主하는 故로 父母가 享壽하게 된다。

四九가 父母數가 되면 남의 父母니 異父라 하겠다。 天地盤의 歲支 歲干이 乘旺 居旺하며 受生하고 吉門卦를 逢하면 大吉하다。 運이 日辰에 있으니 吉하면 끝까지 吉한다。 運이 歲나 日辰에 있어 養이 되면 出係하게 된다。

父母數가 乘死하고 居死하고 受剋되면 早失父母하였다。 死門 傷門 休門 絶命을 逢하여도 亦是 同一하다。 그러므로 凶에 凶을 兼하면 早失한다。

天盤 五十土가 歲上에 臨하면 父母에게 근심이 있게된다。 七火 九金이 臨하여도 亦是 同一 하다。

絶體를 逢하면 父母가 疾病이 있고 禍害를 逢하면 厄이 많다。 많이 空亡됨을 忌한다。

陽數의 父가 吉하면 父가 後亡하고 陰數가 吉하면 母가 後에 亡한다。 子息의 出生하는 時 期도 陽年에는 男兒를 出生하고 陰年에는 女兒를 出生하게 되며 父母의 終年도 陽時에 陽數 면 父가 先亡한다。

假令 子時 生人이 時上에 陽數가 되면 父先亡하고 陰時에 陰數면 母先亡한다。 陰時에 陽數 면 父先亡하고 陽時에 陰數는 母先亡한다。

干數가 陽으로서 陽이 旺地에 居하면 父先亡하게 된다. 干數가 陰으로 旺地에 居하면 母先亡하게 된다. 그 中에 五土가 陽數를 相逢하면 陽에 屬하고 陰數를 相逢하면 陰에 屬한다. 이것을 參考하라.

父母의 終年을 알고저 하면 父母數가 中宮에 入하여 逆數로 陽遁 地盤 庚上에 至하고 地盤庚上에 至하여 一回로 計去한 宮에 닿으면 이것을 보게되되 一六으로 計算하니 壬癸年이라 한다. 六庚이 있으면 陽父母는 天盤庚을 取하고 陰父母는 地盤庚金을 取하니 母를 가리킴이다. 母數도 中宮에 入시키어 父와 같이 計算할 것을 가리킨다.

또 一法은 母數가 中宮에 入하여 逆으로 絶命宮에 至하여 一六이 되고 壬癸年이라 한다. 또 이르되 日數가 長生된 자는 運이 逆으로 死宮에 至하면 父喪의 年이라 한다. 合한 干과 支로 무슨 해인지를 알게된다.

本局推運에 이르되 運이 父母宮에 到하면 父母의 일이 있고 生計가 있으니 吉門을 逢하면 吉하고 凶門을 만나면 凶하다.

每年 年評에 이르되 父母가 中宮에 動하고 歲干이 되면 이 해에 父母의 하는 일이 잘 되고 歲上에 父母가 中宮 子孫을 克한 자 中宮父母가 歲子孫을 克한 者는 父母의 喪을 當한다.

歲 中에서 七火 九金이 相戰하여 父母를 剋하여도 위와 같이 同論한다.

月評 日評도 이 法으로 同一하다.

父母가 動中하여 歲에 있고 歲가 死絕을 逢하면 父母가 喪亡하게 된다. 歲上에 雙火雙金도 父母가 動中하거나 日에 있어도 父母에게 근심이 있게 된다.

혹 日辰에 있어도 同論된다.

火金이 空亡되면 父母가 虛驚할 뿐이다. 天數가 父母를 剋한 者 衰死空에 居한 者 死絕이 重重한 者는 다 父母가 喪亡하게 된다. 游魂宮에 父母가 出入을 자주 하게 되며 歲에 七火九金이 中宮父母를 克한 者 中宮 七火九金이 歲父母를 剋한 者는 다 父母가 근심이 있다.

鉤歌에 이르되 丙庚이 歲의 干支에 加하면 父母가 근심이 있고 死絕이 加되어도 亦同한다. 그러나 이 宮 伏吟도 不吉하고 庚에 丙이 加되고 丙에 庚이 加되어도 父母에게 근심이 있다.

이 空亡되면 조금 輕하다. 以上은 모두 父母의 喪事로 論하겠다.

九金이 歲宮에 到하였는데 受洩되며 七火가 歲宮에 到하여 受洩된 者는 아울러 父母가 病이라 한다.

五七九가 歲上에 臨한 者도 亦然하다.

其의 應期는 冲上數로 決定한다. 이 數가 一六이면 水月이라 하고 二七이면 火月이라 한 다. 空亡되면 解空月에 應한다. 絕鄕에 있으면 長生의 月에 應함이다.

父母의 喪期를 알고저하면 父母의 數가 入中하여 逆으로 陽遁 地盤庚上에 至하고 陰遁은 天盤庚上에 至하니 이 數가 一次에 당으면 一六月이요, 二次에 당으면 二七月이라 한다. 伏吟이면 庚을 冲하는 冲上數를 取하여 決定한다. 그 數가 一六이면 水月이요, 二七이면 火月이고 空亡되면 解空되는 달에 應한다.

만일 父母가 歲中에 不現하며 陽日이면 陰을 取하고 陰日은 陽을 取한다.

四十八、兄 弟 論

兄弟數가 水면 一이요、火는 二요、木은 三이요、金은 四요、土는 五라 한다. 水火는 或 一 或 二라 한다. 兄弟數가 乘旺하고 居旺하고 兼旺하면 兄弟가 旺盛하고 名譽가 있다. 乘旺하고 居旺하고 受生하며 生門 生氣를 逢하면 兄弟가 生生한다. 臨하면 兄弟가 異腹이라 한다. 그리고 四金도 亦同한다. 運이 日辰에 있으니 日 上下에 九金이 吉하다. 養運을 逢하면 兄弟가 出係하게 된다. 天盤 地盤 月干 月支가 乘旺하고 居旺하며 乘時 受生하고 吉門卦를 逢하면 大吉하다. 歲가 中宮을 助하고 歲의 助함을 受한 者 中宮에서 生을 受한 者는 아울러 大吉하다.

兄弟數가 絕地에 居하고 胎運에 있으며 死墓에 있으면 獨身格이라 한다.

剋을 受하여도 孤單하다. 休門을 만나고 死傷을 逢하면 慘傷한다.

門이 宮을 剋해도 孤單하고 空亡되어도 兄弟가 없다. 九金은 殺이니 殺이 旺하면 孤單한 다. 天地盤 月干 月支가 乘死하고 居死하고 凶門卦가 되면 서로 사이가 좋지 못하다. 冲되고 空亡되어도 不吉하다. 受空되면 無兄弟라 한다. 元局 推運에 이르되 運이 兄弟宮에 到하면 兄弟에 일이 있고 妻財에는 不吉하다. 運이 吉 하면 吉하고 凶하면 凶하니 各各 應驗함이 있다. 每年 年評에 이르되 兄弟가 日에 臨하면 이 해에 반드시 兄弟의 일이 있고 或 親舊를 만나 게 된다.

財事는 不利하고 凶함이 있다. 死門을 逢하면 兄弟가 喪亡하게 된다. 害禍를 逢하면 厄이 있고 絕體를 만나면 兄弟의 服을 입는다. 兄弟에 兄弟와 自身이 臨하면 出入이 자주 있다. 그러나 游魂을 만난 뒤에 그러하다. 兄弟가 死絕을 逢하면 大不吉하다. 鉤歌에 이르되 月干과 月支가 死門이고 兄弟 姉妹가 臨하면 喪事로 論한다. 丙庚이 月干 月支에 臨하여도 大凶하고 受克하여도 근심이 있게된다. 위에 말한 大凶卦가 各各 應驗함이 있다.

求財에는 兄弟方을 忌하다.

四十九、妻 財 章

妻財數가 乘旺하고 居旺하고 兼旺하면 偕老하게 되고 月辰이 生氣 福德을 逢하면 賢配를 得한다.

財가 中宮에 있으면 妻德이 있고 財가 旺하면 官을 生하므로 官職도 좋다.

五十이 天盤 五十土를 逢하고 天盤 戊己가 妻財를 作하며 旺하면 富하고 吉하다. 運이 日辰에 있으니 吉하면 끝까지 吉하다.

妻財數가 乘死하고 受死하고 受剋하면 再婚을 不免한다.

日辰이 克을 受하고 死門絕命을 逢하면 喪配한다. 乘死하고 居死하는 中 凶門을 兼하면 三四次 再婚하게 되고 空亡 孤虛되면 終身토록 홀아비가 된다.

洩氣를 受하면 平生에 財物의 虛費가 많고 下克上하면 惡妻를 만나고 敗地에 있으면 이것이 桃花殺이니 妻가 搖亂하다.

禍害를 逢하여도 妻運이 凶하다.

月日局은 어떻게 보는가? 年局 例를 推見하라.

年評은 生月 生日 生時로 當年 太歲를 入하여 一年의 運을 보니 위에 論된 吉凶과 同一하다.

月局이나 日局에 上下가 相比되면 먼데서 손님이 와서 나를 찾게된다.

財旺하면 商業에도 吉하고 農數에도 吉하니 이로써 推得하라.

五十、烟局 人命論

대개 人命이 所生의 年月 日時로 作局하니 子一 丑二 寅三하여 合數를 九로 除하여 布局하니 먼저 日辰을 보아 絶命이 되면 夭壽됨을 免하지 못한다.

日辰이 太歲 絶命을 作하면 夭壽하게 된다. 그러나 日辰上 數를 來生하면 夭壽는 免하게 된다.

이 十八局中에 時干이 有氣하고 吉門卦를 得하면 夭壽를 免하게 된다.

또 所生된 年月日時의 數로 布局하여 奇儀 八門中에 日干이 死門을 得하나 時干이 有氣하면 免夭하게 된다.

洪局은 八卦요 烟局은 八門을 主하니 日辰이 絶命에 坐하고 死門을 得하면 生氣로써 이 厄을 除하게 된다.

日干이 厄에 坐하였는데 生氣를 得하면 生氣라 아니하고 除死門이라 하니 後에 生하여진다는 뜻이라 하겠다.

대개 年月日時가 끝에는 本時에 와서 結局하는 故로 人命의 吉凶을 論하는데 日로 百事를 主掌하나 地盤 時干宮을 專用하게 된다.

時干이 死門 絶命 衰墓 空亡 刑剋의 宮에 있고 休囚되면 百事가 多敗한다.

214

만일 가난하지 아니하면 短壽하게 된다. 時干이 胎養宮에 있으면 動은 하였으나 形容이 없

고 沐浴地에 있으면 敗損하게 된다.

時干이 胎養休 三運에 있으면 小吉하다. 時干이 旺宮에 있고 生門 生氣 帶 冠貴祿馬의 宮

에 있고 乘旺 乘令하면 子孫도 많고 和氣가 滿堂하며 長壽한다.

時干下에 吉星이 있으면 吉하고 凶星이 있으면 凶하다.

輔星 任星 心星은 吉하고 芮星 柱星 英星은 凶하며 冲輔는 半凶 半吉된다. 剋되면 不利하

니 六親의 動靜과 吉凶을 參考하고 旺休를 보아 斷定하라.

다음으로 時干을 보고 洪數로 人命의 平生數를 算出하므로 一이면 壽가 十이요, 二면 壽가

二十이요, 六十 七이면 七十이니 干은 十을 取하고 支는 零數를 取한다. 時干의 所得

數가 時令의 旺相함을 得하면 吉하고 死囚休等을 逢하면 大凶하다.

死囚 旺相이 섞이어 있으면 半凶 半吉한다.

時干上 所得數가 衰病死 墓宮과 絶剋의 地에 있고 死囚하나 時令의 旺함이 되면 一算을

減하게 된다. 假令 八이라면 七로 減하고 七이면 六이라 한다.

時干이 旺하고 冠帶의 地에 있으며 時令의 旺을 得하면 一算을 加하게 되니 七이면 加算

하여 八이라 하고 八이면 九로 加算하게 된다. 數가 時令에 있어 休囚되고 休囚宮에 있으면

本數로 보니 一은 一이요, 二는 二라 한다. 時干이 時令의 旺相이 되고 旺相宮에 坐하면 數가

增하게 되니 二이면 七이요, 三이면 八로 보게 된다. 時干이 時令 休囚되고 休囚宮에 坐하면 減數하게 되니 八이면 三으로 보고 九면 四로 본다.

다음으로 時干上 八門이 吉하면 吉하고 凶하면 凶하니 陰은 逆하고 陽은 順하므로 甲子乙丑 丙寅하니 生門이 艮에 있게 된다. 生門은 元是 生活을 主하므로 生計에 有益하고 死門은 元是 死葬되는 뜻이므로 不吉하다. 그 中에도 開門中에 杜門이 있고 開門이 있으니 時干上 杜門이 臨하면 陽遁局에 對하여 遁歲의 일을 보라.

傷門의 가운데에 休門이 있으며 景門의 가운데에 驚門이 있고 驚門의 가운데에 景門이 있다. 그러므로 陰陽遁의 分類가 있어 吉凶의 先後를 區分하게 된다.

대저 生門은 生活을 主하니 營事 建設에 宜하고 死門은 凶하나 漁獵하는 데에는 吉하다. 驚門은 驚駭을 主하나 訟事와 도적을 잡는 데에 宜하고 杜門은 杜藏함을 主하니 감추고 숨는 데에 좋다.

景門이면 잔치하고 오락하는 데에 좋으며 文書提出과 突擊과 包圍된 것을 破壞하는 데에 좋다.

다만 門이 宮을 生하는 것이 좋고 門이 宮을 剋하면 가장 凶하다. 비록 吉門이 宮을 克하여도 도리어 吉하지 못하다.

다음으로 時上 所得 八卦를 보니 八卦가 吉하면 吉하고 凶하면 凶하다.

216

生氣는 生活을 主하고 天宜는 官爵을 主하고 絕休는 醫藥을 主하며 福德은 吉慶을 主하고 游魂은 行動을 主하고 禍害는 禍厄을 主하고 絕命은 死喪 疾病 服制를 主하게 된다. 空亡되고 孤虛하므로써 參論할 것이라 한다.

門卦가 吉凶을 不并하면 各各 一偏하는데로 돌아가니 門吉卦라도 凶이 있으니 그 數의 旺衰를 보아 그의 先後를 決定하게 된다. 旺하면 先은 凶하고 後에는 吉하게 된다. 衰한 宮은 先吉하고 後凶하게 된다. 干數도 旺衰가 亦是 그러하다.

그러므로 卦가 없을 수 없고 門이 없을 수 없다.

大抵 時干數의 時門 時卦가 다 凶하고 또 天盤이 와 生하지 아니함을 보면 壽에 十歲를 지내지 못하게 된다.

그러므로 所得數가 一이면 一歲에 死亡하고 二면 二歲에 死亡한다는 뜻이다.

만일 時干이 旺相地에 있고 時令의 旺相을 得하면 長壽하게 된다.

時令에 旺相함을 得하고 旺相宮에 있어 門卦를 得하나 短壽한다고는 볼 수 없다.

대개 時干時數 門卦가 天盤에 生을 보면 五福이 俱備하며 長壽하게 된다. 그리고 子孫도 吉多하고 凶小하면 吉多하고 凶小하면 半凶 半吉이니 間間이 成敗가 많다.

戊己가 五十을 逢하여 日干 日支에 있으면 大富家에서 出生한 사람이라 한다.

一六은 壬癸요、 三八은 甲乙이요、 二七은 丙丁이요、 四九는 庚辛이라 하니 이 五行으로 六親의 動靜을 살피라.

歲干이 父母宮에 있으면 父母가 높은 사람이요, 月干에 있으면 自身이 높게된다. 合數로 壽命의 長短을 보니 一六이면 七十 되므로 七十살로 본다고 한다.

歲干은 父母에 屬하고 君上으로도 보며 月干은 兄弟 朋友 方伯官長으로 보고 日干은 己身에 屬하고 時干은 男兒에 屬한다.

歲支는 官爵이나 慈母에 屬하고 月支는 娣妹 幕府에 屬되고 日支는 妻妾 家宅에 屬하며 時支는 女兒 奴僕에 屬한다. 다 上下의 生剋을 보아 吉凶을 論하라.

비록 上干이 下干을 剋하여도 旺과 休를 區分하여 吉凶을 區分하라. 만일 地盤이 旺宮에 坐하고 또 時令의 氣를 乘하면 끝까지 剋하지 못하므로 先困하나 後에는 吉하게 된다. 洪局은 日辰으로써 己身을 하는 故로 平生의 禍福과 吉凶의 窮達함이 日辰에 있음이라 하겠다.

總卦數가 日辰數와 相生되면 平生을 通하여 吉命이라 한다. 相克되면 이 命은 凶命이 되므로 平生에 災殃이 많다고 함이다.

또는 總卦가 一局이면 坎上數요, 二局이면 坤上數라 하니 다른 卦도 이를 모방하라.

日辰을 己身이라 하니 生我한 것이 父母요, 剋我하는 것이 官殺이요, 我克者가 妻財요, 我

生者가 子孫이라 하고 比我 되는 者가 兄弟가 됨이라 한다.
百千萬事가 生하면 成事되고 克하면 不成한다.

五十一、己 身

日辰을 己身이라하니 日數가 물이 되면 智能이 있으며 技藝가 많고 바다를 좋아한다. 火가 되면 禮節이 밝으며 聰明도 하고 性質이 急燥하다. 金이 되면 信義가 있고 淸白하며 功名 多成多敗한다. 木이면 仁慈하고 生養을 좋아하고 土가 되면 厚重하고 富한다. 天盤의 火火와 相逢하면 才操가 出衆하고 木木이 相逢하면 俊秀하고 淸雅한다. 金金이 相逢하면 詩歌에 能하며 勇猛스러우며 決斷性이 있다. 日干은 己身이 되니 時令의 氣는 旺하나 衰鄕에 있으면 外面으로는 榮達함이 있는 것 같으나 實은 안으로 靜寞하고 困苦한다. 時令의 氣가 衰囚하나 旺相鄕에 있으면 外面은 虛한듯 하나 內面은 실속이 있다.

日干이 旺鄕에 있으면 百害가 不侵한다.
日干이 衰鄕에 있으면 百禍가 스스로 온다.
日干이 衰鄕에 있으나 洪局數가 旺相宮에 있으면 身厄이 오지 않는다. 그리고 凡事가 亨通 한다.
日干이 旺鄕에 있고 空鄕에 있으면 先敗하나 後에는 興하게 된다. 歲가 空되고 日干이 空

되면 不生에 虛事가 된다.

五十二、父 母

만일 日辰數가 四九金이라면 五十土가 父母가 된다. 그리고 十土는 母라 한다. 生宮에 坐하면 長壽하고 旺宮에 있으면 巨富가 된다.

天盤이 相生하면 吉하고 相克하면 凶하다. 總卦가 父母를 相剋하면, 父母의 힘을 입지 못하고 喪死宮에 있으면 父母를 早失하게 된다.

그 中에 天盤까지 相剋되면 아주 일찍 父母를 잃게 된다.

時令의 旺相을 得하면 富하고 生生되면 壽하고 囚休되면 厄이 많다. 死되면 父母가 早死하게 된다. 凶門凶卦는 더 凶하고 吉門 吉卦는 더 吉하다.

父母의 終年을 알고저 하면 父母數가 逆하여 死宮에 至하니 干을 取하고 母는 順하여 死宮에 至하니 支를 取한다.

그 數가 中宮에 入하여 順逆으로 天盤庚上에 至하니 干을 取함이다. 또 이르되 生運上數는 父에 屬하고 死運上數는 母에 屬하니 生運上數가 陰이면 陽干을 取하니 六이라면 壬과 子가 됨이라 한다. 死運上數가 陽이면 陰支를 取하니 壬과 亥라 한다.

歲干은 父母에 屬하니 陽干은 父요, 陰干은 母라 한다. 陰干이 旺相하면 母가 吉하고 衰死

宮에 있으면 凶하다. 陽干도 이 이치와 同一하다.

天盤이 來生하면 吉하고 來剋하면 凶하다. 九金이 干에 加되고 死門絶命에 있으면 父母數가 不吉하며 休를 만나도 아울러 凶하다. 歲에 加되어도 凶하다 함이다.

五十三、兄　弟

兄弟가 死絶宮에 臨하며 時令의 囚死氣가 되면 兄弟가 없다.

陰數는 娣妹요, 陽數는 兄弟라 한다.

總卦가 兄弟數를 相剋하면 끝까지 兄弟의 힘을 얻지 못한다. 그러므로 天盤이 相生하면 吉하고 克制되면 凶하다.

水면 一人이요, 火면 二人이요, 木이면 三人이요, 金이면 四人이요, 土면 五人이라 한다.

死囚하고 死囚宮에 臨하면 兄弟가 없다.

旺相하되 休囚宮에 臨하면 一數를 減한다.

休囚되어도 旺相宮에 있으면 本數에 依하고 休囚宮에 臨하면 一을 減한다.

兄弟數가 空亡鄕에 있으면 끝까지 兄弟가 없다.

月干은 兄弟에 屬하고 月支는 娣妹에 屬한다. 旺相鄕에 있으면 吉하고 衰死宮에 있으면 凶하다.

그리고 月干으로 官職의 일도 보게된다. 六庚이 月干에 加하면 兄弟가 厄을 當하고 또는 刑

務所에 가게 된다. 上이 下를 克하면 官長의 侵害가 있다. 六癸와 六丙과 六庚이 月干에 加되면 官厄이 있게 된다. 日干이 旺鄕에 있으면 百厄이 不侵하게 된다.

日干이 衰休宮에 있는 然後에 禍厄이 오게 된다. 月干이 大厄를 兼하여 太白인 九金을 加하면 父母에 厄이 있게 된다.

歲干 月干이 上下가 相剋하면 더욱 甚하다.

五十四、妻 財

陽男은 陰을 取하고 陰男은 陽을 取하여 妻라 하니 死囚의 時令을 得하고 死囚의 宮에 있으면 喪妻하게 된다. 그 中 天盤의 相剋이 凶하다. 旺相의 時令을 得하고 旺宮에 坐하며 天盤이 相生되면 夫婦가 偕老하게 된다.

凶門 凶卦는 凶하고 吉門 吉卦는 吉하다.

總卦인 中宮이 生하면 끝까지 吉하다. 剋되면 끝에는 凶하고 空亡되면 喪妻한다. 入中되면 吉하니 賢妻를 得한다 하겠다.

妻數가 時令에 旺相되고 旺相宮에 加臨하면 妻가 太旺하하므로 도리어 惡妻가 된다.

日支는 妻財 家宅에 屬하니 上이 下를 生하면 夫婦가 偕老하게 되고 上克 下하면 妻를 傷

五十五、子 孫

陽男은 陰數가 子孫이 되고 陽數는 女兒가 된다. 陰男은 陽數가 子孫이 되고 陰數는 女兒가 된다. 그러므로 陽對陽은 女요, 陽對陰은 男兒라 한다. 陰對陽이면 男兒요, 陰對陰하게 된다.

子孫의 數字를 五行의 數로 區分하니 水數는 一人이요, 火數는 二人이요, 木數는 三人이요 金數는 四人이요, 五數는 五人이라 한다. 혹 陰土는 火에 屬하니 二人이요, 陽土는 水에 屬하니 一人이라 한다.

天盤數가 相生하면 子孫이 위에 말한 數字를 保存하고 相克되면 失敗가 많다. 子孫數가 空亡되면 無子하고 空亡되나 旺宮에 있으면 子息을 잘 기르게 되고 子孫이 月建의 養運을 逢하면 또 이르되 養子로 가게 된다.

總卦인 中宮이 相剋하면 子孫의 힘을 얻지 못한다. 그리고 天盤의 相克도 亦是 同一하다.

時干은 男兒에 屬하니 旺相宮에 있으며 上干이 子孫를 生하여 주면 五行에 該當되는 數字 그대로 가질 수 있게 된다.

비록 子孫數를 天盤이 相生하나 時干이 死絶宮에 있으며 上干이 克을 受하면 子孫의 失敗

門卦가 吉하면 吉하고 凶하면 凶하게 된다.

生男의 年을 알고저 하면 子孫이 長生되는 旺運에 生하게 되고, 또는 子孫數가 入中하였으나 空亡되어 있으면 出空의 年으로 生男의 期를 定한다.

假令 出空의 年이 壬癸에 該當되면 壬癸의 年이나 亥子의 年에 生男의 期를 定한다.

休門에 子孫이 있으면 子孫이 休亡되고 또는 死門 傷門 絕命卦에 있으면 子孫의 失敗가 많다.

時干은 男兒에 屬하니 時干이 死門 墓絕 空亡에 있으면 數가 적고 天盤이 生하여도 終當에는 無子하게 된다.

子孫인 時干이 旺相鄕에 있고 生冠帶를 得하면 子孫數가 吉하게 되니 休衰 空亡鄕이라 하여도 五行의 本數는 依持할 수 있다.

時干이 生門에 生氣가 되면 絕되는 宮이라 할지라도 子孫을 많이 두게 된다.

그러나 上干이 下를 剋하면 失敗는 많이 하게 된다.

下干이 上干을 剋하여도 亦是 旺하면 絕孫까지는 아니된다.

時干이 中宮에 入하여 空亡되면 다 無子한다.

陰干이 死하는 곳에는 陽干이 生하게 되니 生男의 早期를 이로써 參酌하라.

旺生되면 일찌기 두고 休衰하면 中年에 得하고 死囚되면 晩年에 生產하게 된다. 九金이 日에 加되면 初年에는 子孫이 없다고 본다.

五十六、官　星

官星이 旺相宮에 있으면 高官을 하고 胎養이 되어도 無妨하다. 그러나 困苦하게 昇進을 하게 된다.

만일 衰死하면 늦게 官職을 얻게된다. 中宮에 있으면 四方을 坐鎭하는 벼슬을 하게되니 가장 吉하다고 하겠다.

天干이 相生하면 吉하고 相克하면 凶하며 門卦가 吉하면 吉하고 凶하면 凶하다고 한다.

水官星이면 一品의 貴를 하고 火官星이면 二品의 貴를 하고 木官星이면 三品의 貴를 하고 金官星이면 四品의 貴를 하고 土官星이면 五品의 貴를 하게 된다.

太歲支는 官爵에 屬하니 開門 天宜를 逢하면 高文에 合格하게 된다.

生門 休門 生氣 福德이 있으면 官爵이 顯達한다.

景門과 歸魂은 次吉이라 한다. 杜門과 歸魂은 罷職을 當하게 됨이라 한다.

死門 絕命 傷門 驚門 禍害 絕體는 다 不吉하다.

歲支 中宮의 官星이 旺하면 吉하고 衰鄉宮이면 凶하다.

水가 本儀를 逢하면 官爵이 顯達하게 된다。本儀라 함은 一六水가 壬癸水를 逢함이라 한다。

日干이 直符宮에 加하면 官이 高顯하니 太歲에 加하여도 同一하다。

大低 歲干이 吉門卦를 不得하면 官爵이 不吉하게 된다。

上干이 와서 剋하면 成敗가 많고 生하면 助益함이 많다。

支數를 九로 除하고 餘數를 中宮에 入시키어 坎宮으로 出하여 布局하면 地盤을 成하고 干數를 九로 除하여 餘數를 中宮에 入시키어 离宮으로 出하면 天盤이 되니 이 數가 相生되면 吉하고 相克되면 凶하다。地盤은 內卦가 되고 天盤은 外卦가 되니 內卦는 靜하므로 主가 되고 外卦는 動하므로 客이 된다。先動한 것이 客이 되고 後動한 것이 主가 되니 時支의 休旺으로써 吉凶을 推得하라。

烟局은 干을 用하고 洪局은 支를 用한다。

平生의 大局을 보고저 하면 地盤의 歲干 歲支의 上下盤數로 吉凶을 定하니 死되면 凶하고 生되면 吉하다。

대개 百千 萬事가 이 理致에 벗어나지 아니한다。

一年의 事나 將來의 事와 平生의 事를 歲支의 上下盤數를 取하게 되는 것이다。

一個의 事는 月干의 上下盤이 生克된 吉凶으로 決定하고 日支의 干을 보며 時運은 時干을

226

보게 되니 干支가 다 같이 通用된다. 대개 天盤數가 相生되면 成事하고 相剋되면 不成하게 된다. 차라리 天盤이 剋되는 것은 可하나 地盤이 剋되면 不可함이라 한다.

五十七、壽夭의 應期

대개 生하면 順하고 死하면 逆함이라 한다.

死期에 至함은 理致가 다 反常됨이라 한다.

人間에 萬事가 歸期를 決定하여 있으니 天盤數를 보게 된다. 陽男은 地盤庚를 取하게 되고 陰男은 天盤庚를 取하게 된다. 天數의 歲干을 死宮에 까지 數를 세어가 一六이 되면 壬癸年에 壽를 終하게 되는 해라 한다. 二七이면 丙丁年이라 하겠다.

또한 法은 死門의 死門을 取하니 假令 甲子 乙丑 丙寅의 生門이 艮에 있으면 死門은 坤에 있다. 一三五七九는 運을 逆하고、二四六八十은 運을 順으로 헤어 간다.

만일 一變局이 坤上 三木이 된다면 順數하여 午宮에 至하면 死가 되며 死上에 또한 陽男은 逆胞하여 死宮에 至하고 陰男은 順布하여 死宮에 至하면 다 生處가 됨이라 한다. 陽男은 逆胞하여 死宮에 至하고 陰男은 順布하여 死宮에 至하면 다 生處가 됨이라 한다. 陽은 死處에 陽이 生하고 陽死處에 陰生이라는 뜻이다.

五十八、行　年

洪局은 日辰으로 爲主하니 日辰宮에서 初年을 일으켜 計算이 끝나면 다음에 他宮으로 移去하게 되니 十數가 다면 計算하지 아니하고 中宮에 있는 隱伏數로 計算하게 된다. 十土를 當한 宮은 十을 세지 않고 中宮隱伏數를 쓰니 假令 中宮地盤에 一이 있다면 六을 쓰고 六이 있으면 一을 用하게 되니 이것이 隱伏된 數라 한다. 他宮에서도 十土를 보면 十을 쓰지 말고 中宮 隱伏數를 쓰라, 天盤과 地盤이 同一함이라 한다.

多至 後면 陽遁局이니 順數하여 가고 夏至 後면 陰遁局이니 逆數하여 計算하라, 數가 旺相하면 이 宮이 다 가도록 大吉하고 數가 死墓의 宮에 至하면 그 數가 가도록 凶하다. 陽數가 死한 곳이면 다시 陰數가 生하는 곳이 되니 陰生하는 宮에 初半은 凶하고 後半은 吉하게 된다.

開門 休門 生門 生氣 天宜 福德 六宮에 大吉하고 死門 傷門 驚門 絶命 絶體 禍害 六宮에 大凶하다. 門은 凶하나 卦가 吉하면 初半凶하고 後半은 凶하다.

그리고 死門 絶命 歸魂宮에 到하면 그 壽命을 다 하게 된다.

數가 旺하면 門卦가 凶하여도 그 害가 없고 數가 衰休하였는데 門卦가 吉하여도 吉慶이 크지 못한다.

數가 旺하고 門卦도 吉한 宮을 逢하면 大吉한다. 數도 凶하고 門卦도 凶한데에 凶한 宮을 만나면 크게 凶하다.

烟局訣에 이르되 甲子旬中의 生時는 甲子戊가 時符頭가 된다. 그 별이 初九를 管轄하게 되니 運이 假令 英星이 時干에 照臨하였다면 英은 初九가 되고 芮星은 三九가 된다. 陰遁은 任星이 二九가 되고 柱는 三九가 되나 天盤星으로 計去하면 九遁 三詐에 至하니 二十八 吉格宮이라 한다. 이것이 크게 九年의 吉運이 되고、五格 五勃에 到하면 二十八凶格이 되니 크게 九年의 凶이 있게 된다.

다음 初生된 年月日時가 洪烟局의 元局이 되니 六甲 儀神의 所向된 宮을 보아 每年 計算하여 간다.

歲宮이 吉運宮에 있으면 吉하고 凶運宮에 있으면 凶하다.

數儀가 旺鄕과 旺門에 吉卦를 逢하면 大吉하니 上生下하여도 大吉한다. 衰休되고 儀門이 凶卦를 逢하면 不吉하고 下剋上하여 日이 空亡하면 憂喜가 不成한다. 妻財宮에 到하면 妻財의 事가 있게 되고

父母宮에 到하면 父母의 일이 있게 되니 六親宮을 이 例로써 미루어 보라.

元局에 이르되 天盤과 地盤의 流年이 있으니 歲가 干에 到하면 天盤이 되고 地盤은 되니 流年의 歲干과 地盤의 外內策이 應하게 된다. 假令 甲子가 坎에 到하고 戊가 이 癸를 加하면 이것이 外生 內克年이라 한다. 靜한 것을 凶이라고 動한 것을 吉이라 한다.

天盤이 旺儀數宮에 到하면 其年을 外動이라 하니 吉하고 地盤이 旺儀數宮에 到하여도 其年을 內靜이라 하여 凶으로 본다.

每年 生年月日時로 洪局을 布하여 男은 一歲를 离에서 이렇게 二歲에 坤宮을 건너 兌宮에 오고 三歲는 乾에 至하고 四歲는 坎에 到하고 五歲는 艮에 到하고 六歲는 震에 到하고 七歲는 巽에 到하고 八歲는 离에 到하고 九歲는 坤에 到하고 十歲에 도로 兌宮에 到한다. 女는 一歲에 坎에서 起하여 八歲에 艮을 越하여 十歲에 兌宮에 到한다. 그러므로 男女의 十歲가 兌宮에 到하여 男은 順數하고 女는 逆數하게 된다.

또는 元局에 八門 奇儀를 布하면 烟局이 되므로 凶吉을 알게된다.

대개 總局의 結末된 者 時干이라 하겠으니 時干으로써 子孫과 下手人을 보게 되고 時干所 臨의 旺衰數를 보아 그 吉凶을 알게 된다.

그다음 八門 八卦로 吉凶을 論한 뒤에 歲干은 父君에 屬하고 歲支를 官爵慈母에 屬하고 月 干은 兄弟 方伯 守令에 屬하고 日干은 己身을 보고 日支는 家宅을 보며 時干은 男兒를 보고 時支는 女兒 奴僕에 屬한다. 上下盤 奇儀門卦를 洪數의 旺衰에 依하여 吉凶을 推得하라.

行年은 外動을 보고 日辰으로 己身家宅을 보니 行年數가 歲支에서 吉運을 得하면 所得門 行年은 外動을 보고 日辰으로 己身家宅을 보니 歲支가 凶運을 逢하면 所得門卦가 凶하나 凶이 되지 아니한다. 그러므로 行年歲宮이 吉運에 到하고 吉門 吉卦가 되면 出行이나 官職이 門卦가 吉하나 凶이 되지 亦是吉 小하다.

나 商業에 大吉하다.

凶門卦를 得하면 百千 萬事가 不如意하여 不安을 免하지 못한다.

胎養은 動함이 있으나 形體가 없고 沐浴은 敗損하며 生旺 冠帶는 吉하고 庫葬은 吉凶이 相半되며 衰死胎는 凶하다.

日辰數가 歲支에서 吉運을 得하면 所得門卦가 凶하나 凶이 되지 않고 凶이 적다. 그리고 家宅이 安寧하다.

歲支에서 凶運을 逢하면 所得門卦가 吉하나 亦是 家宅이 不安하게 된다.

年月日辰上의 門卦가 吉凶을 應하니 歲干의 旺衰에 있읍니다. 行年에 日辰이 凶運을 逢하면 即 凶하게 된다.

써 庚의 所加되므로 六親中의 災殃을 알게되니 庚에 癸를 加하면 人命에 災殃이 있게 된다. 歲에 加하면 父母나 長上에 재앙이 있고 月干에 加되면 兄弟에 재앙이 있고 日干이면 己身에 재앙이 있고 時干에 있으면 子孫 및 下手人에 있다. 庚이 月干에 加되면 官長에게 厄이 있고 庚에 直符를 加하면 刑務所 가는 厄이 있게 된다. 六親을 參照하여 보라, 反吟宮은 萬事가 散亂하고 一身이 방탕하게 된다.

陰數는 逆胞하고 陽數는 順胞하니 天地盤의 正理라 한다. 陰數는 多至後에는 逆하지 못하고 夏至後에 能히 逆去한다.

假令 一年 門卦 行年의 日辰數가 陰數를 得하여 쓰되 冬至後에는 逆計하지 못한다.

多至後卦로 되면 順去하라.

吉凶은 歲支를 보아 分別하게 된다.

太歲支가 運이 없으면 다만 日辰으로써 그 相克을 비교하게 된다. 太歲 吉門卦를 得하면 日辰이 相克을 被하되 吉門이므로 반드시 克을 免하게 됨이라 한다. 官爵이 凶하게 되는 것은 日辰數가 가서 太歲를 剋함이니 官職이 無事하다 할지라도 크게 되지 못한다.

歲가 日辰數를 生하면 太歲가 凶門卦가 되나 全凶이라 論할 수는 없다. 대개 太歲의 吉凶은 日辰으로써 決定하게 된다. 日辰이 歸魂을 得하면 太歲가 吉하나 吉凶이 連蔽된다. 日辰이 歸魂이나 太歲에 吉이 감추어 있으면 無故하다. 太歲가 凶吉卦를 兼하고 日辰이 歸魂宮이 되면 刑務所에 갔다 할지라도 歸魂을 冲하는 달에 出監하여 돌아오게 된다.

太歲歸魂이고 日辰이 歸魂이 된 者는 動한 것은 크고 靜한 것은 적은 故로 官職이 中間에 到하여 顯達하게 된다.

歲는 歸魂이요, 日은 生氣 天宜가 된 者는 官職이 높이 顯達하게 된다. 만일 日辰의 凶卦를 본 者는 官職이 不顯하게 된다.

歲支가 絕體를 逢하면 官職이 中間에 至하여 曲折이 많게 된다. 그러므로 太平하게 지내갈 수가 없다.

232

太歲가 門卦의 吉運을 不得하면 官職이 不顯한다. 生門 生氣가 되면 生計가 助益됨이 많다. 歲上에 吉凶이 있음을 보면 子孫에 應함이요, 己身에 일이 아니다. 太白인 九金이 歲支에 加臨되면 官職의 일로써 禍厄을 當하게 되고 月干에 直符를 加하면 반드시 刑厄을 當하게 됨이라 한다.

上이 下를 尅하여도 官長의 侵害를 입게 된다. 그러하나 日辰이 死門 絶命墓에 加됨에 따라 應하게 됨이라 한다.

日辰이 旺相鄕에 있으면 厄이 있으나 不侵한 所以라 하겠다.

太白이 歲月에 加되고 四九金이 鬼가 되면 死亡하게 된다. 庚金이 月支 歲支에 加되면 官厄이 있고 또는 兄弟에 厄이 옴이라 하였다.

日干이 旺相鄕에 있으면 儀數가 衰鄕에 있으며 儀數가 衰鄕에 있으면 비록 旺하나 끝에 가서는 虛費가 많게 된다.

日辰이 空亡地에 있으면 비록 旺하나 끝에 가서는 虛費가 많게 된다.

日辰이 家宅이 되니 儀數가 旺하고 吉하면 家宅이 편안하고 凶運에 逢하면 家宅이 不安하게 된다.

干旺數가 凶하면 凶이 旺하는 달에 死亡하게 되나 처음에는 吉함을 본다.

時干은 男兒에 屬하니 生門 生氣를 得하면 그 해에 男兒의 慶事가 있고 또 生男의 數도 된다 하겠다. 그러므로 젊은 사람은 生男의 慶이라 보고 老人은 孫子의 慶事라고 보겠다.

旺衰凶門을 보아 吉凶을 決定하니 衰하면 凶하고 旺하면 吉하다.

旺宮이라도 太白을 兼하면 끝에 가서는 凶하게 된다.

年月日時 上下 干支의 行年中에 直符가 雙臨하거나 三四가 同會하여 一宮에 모이게 됨이라 하겠다. 日辰 宮이 旺鄕에 있으면 官職이 大吉하고 胎養에 있으면 官職이 小吉하며 官이 空亡鄕에 있으면 落傷하게 된다.

父母가 中宮에 入한 해에 父母의 事가 있고 子孫이 入中宮된 해에 子孫의 일이 있게 된다.

總論에 이르되 日辰이 生生하면 一年에 吉이 많고 凶은 小하다고 보겠다.

만일 空亡이 되면 一年이 虛花라 보겠다.

年月日時 八字上에 上干이 下干을 剋하는 二十八 凶格이 있으니 이에 따라 凶을 알게 된다.

日辰上에 龍逃를 逢한 者는 이 해에 合家逃走라 하였으니 逃走하게 된다.

生門이 宮을 克하면 死喪 事가 發生하고 死門이 宮을 克하면 田宅의 事가 發生하게 된다.

日數와 歲支가 凶運이 되고 日이 克을 受하며 歲日이 相克되고 日辰이 絶命에 坐하며 혹 歲支가 絶命에 坐하고 또 行年의 門卦가 死門 絶命을 逢하며 日干上에서 庚 丙 柱가 加臨되면 이 해에 壽命을 保存하기 어렵다.

日辰이 生氣 生門을 만나고 年運이 生氣 生門을 逢하면 他宮에서 許多한 凶格을 보아도 死亡에는 不至하게 된다.

234

다만 凶禍라고 보겠다。 冲輔 任心이 日干에 加되면 吉하고 芮柱가 日干에 加臨되면 凶하다。 英과 冲이 日干에 加되면 小凶됨이라 하였다。

五十九、應　期

太歲에서 正月을 起하여 陰陽 二遁으로 順逆 遁를 從하여 計去한다。 行年上 吉凶 門卦 干支의 數가 旺衰함을 보아 吉凶을 斷定하라。

洪 一局은 正月 十一月을 艮宮에서 計算하고 二月과 十二月은 震宮을 보게 된다。 三月이요、 四면 四月이요、 五면 五月이요、 六이면 六月이요、 七月이요、 八이면 八月이라 하고 九면 九月이라 하고、 十이면 十月이라 한다。 所加宮이 吉門 吉卦며 旺生하고 有氣하면 正月 十一月間에 吉慶의 事가 있다 함이다。

만일 凶門 凶卦로서 衰死하여 無氣하면 正月 十一月間에 凶害가 있다 함이다。 太歲에서 正月을 이렇게 이 奇儀數가 中宮에 入하여 처음으로 一을 일으키고 二遁으로 從하여 順逆하게 되니 陽局은 順計하고 陰局은 逆計한다。 다만 年上의 어느 날에 止함을 보게 되니 이달 이날의 吉凶을 알게 된다。

烟局은 當年의 寅月을 찾아 어느 宮에 있는가를 보아 即 그 宮에서 正月을 일으키니 陽局은 順去하고 陰局은 逆去하니 吉宮에 到하면 그 달의 財數가 大通하고 凶하면 그 달의 運數가

凶하게 된다. 甲子가 坎에 있으면 甲子年 丙寅頭가 되니 陽局이면 丙寅인 正月을 震에서 찾으니 巽宮이 二月이요、中宮이 三月이요、乾宮이 四月이요、兌宮이 五月이요、六月이 艮宮이요、七月이 离宮이요、八月坎宮이요、九月이 坤宮이요、十月이 震宮이요、十二月이 巽宮이라 한다.

二變局으로서 行年이 坎에 到하여 絕命을 從하면 死喪의 事를 主하니 坎上에 三木이면 三月이요、三者는 辰이 되는 故로 辰日이라 한다. 그리고 坎이 离宮을 冲하니 午時라 하기도 한다. 이 時에 喪事가 있다고 보아 日辰이 七火가 된다면 三木이 父母가 되므로 辰日에 父母의 喪事라 하겠다. 三木이 坎宮에 있으면 비록 敗地라 하겠으나 水가 木을 生하므로 父의 喪事라 아니 되고 母喪이라 한다. 무슨 이유인가 八木이 乾上에 있게되면 死宮에 있으니 金이 木에 克을 當한 所以라 한다.

그러하나 生年의 四柱를 論한 後에 父母의 終年 干支를 分別하면 百發 百中하게 됨이라 한다.

만일 三變局이라면 日辰이 酉兌宮에서 絕命數를 得하고 辛酉를 가리킴이라 한다.

그리고 卯가 酉의 冲이 되니 卯도 八이니 八月이 되고 卯酉日 卯時에 喪事가 있음이라 한다. 八은 十土가 已身이 되면 十上에 八木이 官鬼가 되니 官鬼는 即 祖父母가 된다. 八木은 陰木인

고로 祖母 喪이라고 하겠다.

父母를 生하는 者가 祖父母니 己身이 土라면 火가 印綬인 父母가 되고 二七火를 生하는 것은 木이니 木은 나를 克하므로 官鬼라 하나 官鬼는 父母를 生하는 所以로 祖父라 하겠다.

克을 受하는 者가 死門 絶命 太白 熒惑 (太白은 庚金과 九金이요, 熒惑은 丙火와 七火라 한다) 所臨되면 死亡하게 된다.

이렇게 되면 克을 逢하지 아니하여도 克이 된다.

生氣 福德은 九遁 三詐의 吉이 됨이니 生을 기다리지 아니 하여도 吉하게 된다.

할 때 生克을 取함이라 하겠다.

天機의 吉凶禍福이 生剋을 應하게 됨이라 한다. 三變局으로써 行年이 乾에 到하여 天宜를 得하면 官爵을 得함이라 한다.

假令 九數를 得하면 九金을 生하는 者는 五土이니 五月이라 하고 五土는 七火가 生하니 丙月의 七日이라 한다.

그리고 乾은 戌亥에 屬되므로 戌亥時라 한다.

二變局의 行年運이 巽官에 到하여 地盤數의 六數를 得하면 六水는 四金이 生하는 故로 四金을 生하는 者가 十土이므로 己酉日이라 하고 巽은 辰巳라 하는 故로 辰巳時라 한다.

己月 己酉日이나 甲日 辰時라고 본다.

壬子에 一이요, 丁巳에 二요, 甲寅에 三이요, 辛酉에 四요, 戊辰戌에 五요, 癸亥에 六이요 丙午에 七이요, 乙卯에 八이요, 庚中에 九요, 己丑未는 十이라 한다. 年月日旺을 이 數로 推得하라.

絶體가 所臨된 宮을 月로 斷定하니 三變局의 絶體가 巽宮에 到하므로 이 辰巳月에 服制의 事가 있게 됨이라 한다. 만일 官職의 事라면 太歲의 支上數로 決定하니 數가 一이라면 一月 또는 壬月이라 한다.

旺에 臨한 者는 天干 月數로 보고 衰한 者는 當日로 본다.

太白이 歲干支에 加되고 天盤庚이 所得하였다면 이 數가 中宮에 入하여 逆數로 地盤庚上에 到한다.

그리하여 數가 一이면 壬月이요, 二라면 丁月이니 이로써 推得하라.

歲干이 歸魂이면 歸魂上數가 歸魂宮에 至하여 이 數가 一이면 壬月이요, 二면 丁月이라 한다.

만일 이 逆數가 歸魂官에 至하여 五가 되면 戊戌日이요, 十이면 丑未日이라 한다. 太白이 直符를 加하고 九金이 七火에 入하면 이 宮의 所得數로 決定한다.

이 數가 一이면 一月이요, 二면 二月이라 한다.

日干이 死宮에 있고 七火를 得하면 丙日에 疾厄이 온다.

太白은 凶하다 하나 辛金이 歲時支에 得하면 官祿을 加하고 月干에 得하면 軍政의 事를 奉한다.

六十、家運推法

本命의 子孫의 上下數가 中宮에 入하여 布局하니 日辰宮부터 처음을 이렇게 陽遁은 順하고 陰遁는 逆하니 旺相數와 吉門卦가 到하여 宮이 다한 宮數로 몇 代가 吉할 것을 알고 休死凶門卦에 到하면 몇 代가 凶할 것을 알게된다. 休門에 子孫이 克을 받으라면 當代에 絶嗣하게 된다.

子孫이 旺相하며 上下가 相生되면 한이 없이 繁榮하게 된다.

벼슬길도 歸宮에 至함을 보아 몇 代에 退職함을 알게 됨이라 한다.

六十一、各命의 經驗

丙寅　甲子　丙寅　甲子
　　　支　干
　　　八　八

父　六　休氣
兄　二四　驚
歲支日支　七九　宜
　　　　　世死
父　一五　體傷
財　八八　開
孫生　十六　歸
月支
鬼　九七　害景
官　四二　命杜
孫游　五一

　兼旺된 中財가 官을 助하며 四辰이 吉門卦를 逢하니 王侯의 象이라 한다. 그러나 四辰이 上克下하여 受剋되고 死門 歸魂에 四辰이 病地에 있으니 長久하지는 못한다.

240

甲　己　癸
寅　巳　丑
　　干　支
　　九　八

七　七　　　　日　月
孫　兄　　　　二　五
氣　害　　　　世　命
開　杜　　　　傷　傷

二　九　　　　六
五　八　　　　一
孫　父　　　　官
體　　　　　　游
生　　　　　　驚

三　八　　　　一
四　九　　　　六
財　財　　　　歲
德　宜　　　　時
死　景　　　　支
　　　　　　　歸
　　　　　　　休
　　　　　　　鬼

財가 官을 助하고 中宮이 日을 生하며 日이 乘旺하다.
그리고 歲時의 官星이 並立하여 兼旺하므로 極貴하게 됨이라 한다.

甲　丙　乙　辛
申　寅　卯　巳
干　　支
五　　四

三　六　六　一
歲　官　三　八
宜　福　父　時
開　杜　　　歸
　　　　　　傷

八　五　　　二
一　四　　　七
鬼　財　　　日
游　　　　　體
生　　　　　驚

九　四　　　七
十　五　　　二
孫　孫　　　兄
害　氣　　　命
死　景　　　休

中宮에 財가 動하여 歲上官星을 生하고 또는 開門 天宜를 得하며 長生의 地에 居하니 大吉하고 日이 乘旺하며 兼旺하니 官이 尙書에 至함이라 한다. 現在의 官職의 名으로는 長官이라 한다.

	甲戌	甲戌	甲戌	甲戌
			干四	支八

二十 父氣開　　五七 官害杜　　十二 鬼命景

七五 父　　四八 財　　一一 孫游休

歲月日時
八四 世福生　　三九 兄宜傷　　六六 孫歸驚

中宮이 官을 助하고 官이 旺地에 居하며 四辰이 生門과 福德을 逢하고 日이 乘合하여 生生하니 王侯의 象 또 壽도 하니 人間에 幸福한 運命이라 아니할 수 없다.

	壬寅	辛亥	壬寅	辛亥
			干七	支三

五五 鬼害驚　　八二 財氣傷　　三七 財體杜

十十 官命景　　七三 孫　　四六 兄歸開

一九 父宜休　　六四 父德生　　九歲日
世一 游死

年日이 乘旺하고 月時가 와서 世를 生한다. 日과 官이 絕死 害地에 있으나 日이 乘旺하므로 殺이 化하여 權이 되며 雙官이 並立하니 領首의 象이라 極貴한 八字라 한다.

242

戊　己　辛　庚
午　巳　未　寅

干八　支六

六月　九歳　四日
鬼八　兄五　世十
休死　命生　害傷

一　　八　　五
官三　六財　孫九
氣杜　　　　宜驚

二　　七　　十時
父三　父四　景
歸開　游休　孫福

中宮에 財가 官을 助하고 官이 吉門을 逢하였으며 日이 乘旺하고 居旺되며 生을 受하니 領相의 格이라 한다. 그러나 歲宮이 絕命을 逢하므로 中間에 落職되어 下野하게 되니 先吉後凶이라 하겠다.

己　己　己　己
巳　巳　巳　巳

干六　支六

時二　日月　歲
世十　　　　傷
害　　兄五　四
　　　命杜　鬼八
七　　　　　開休

三九　六財　九
宜驚　　　　官三
　　　　　　氣生

八四　五七　十二
德休　父景　父死
　　　游　　歸

年月日時 四辰이 乘旺하고 居旺하며 傷門과 禍害卦가 되므로 戒門을 作하니 一國의 都 元帥가 되었다 한다. 또 그 中에 中宮의 雙財가 動하고 官星을 도우니 大吉하고 四辰이 傷門을 逢하니 兵傷이라 하겠다.

乙巳	壬申	庚寅	丙辰		
				癸丑	癸亥	丁卯	丁未

干一 支八

丁未 歲 九父十氣死

丁卯 二七官害生

癸亥 一八財景

癸丑 七二鬼命休

干三 支五

丙辰 一七日世宜驚

庚寅 四四財德傷

壬申 九歲時財九生歸

乙巳 十父八體死

丙辰 七一鬼害景

庚寅 六二兄休

壬申 三五孫

乙巳 父五月三命開

丁未 五世四福杜

丁卯 十九兄宜傷

癸亥 四五父休開

癸丑 三孫六時歸驚

中宮에 財가 官을 助하고 官이 生을 乘하며 旺地에 居하여 歲宮을 生하고 歲宮이 日을 生하며 歲日이 生氣와 福德을 兼하니 一國의 宰相이 됨이다. 四柱式으로 解理하면 從財格이라 하겠으니 貴格이라 하겠다.

歲時宮에 雙九 財星이 官을 生하고 官이 旺地에 居하며 生氣卦를 逢하였으며 日이 月令에서 生을 受하고 天宜卦를 逢하니 殺이 化하여 權이 되므로 一國의 大將이 되었다.

244

丁	己	癸	乙		丁	乙	丙	己
卯	未	未	未		丑	未	寅	亥

	支一	干四			支七	干六	

十財氣	五十財休	二世命	歲三休	月景	日	二孫一游	七孫六宜	四世九福	日九驚
一官德	四一父	七兄害	八驚	時生		三父十命	六七鬼	九兄四歸	休
六鬼九宜	三孫二歸	八孫七游	七傷	月開		八父五體	五財八害	十財三氣	歲景

歲가 中鬼를 助하고 熒惑인 七火가
中宮에 動하고 日上에 九金이 되니 出
生된 十五日에 死亡하였다.
歲가 中鬼를 助하고 鬼가 日을 剋하
니 天壽할 것이 分明하다.

日이 休囚의 氣를 乘하므로 無氣하고
年月日 三處가 同一하게 絶命을 逢하
니 三歲를 지내지 못할 八字라 한다. 中宮
에 父母도 無氣하고 日이 너무 弱하므
로 夭壽할 것은 事實이라 하겠다.

　　　　　　　　　己　丙　丁　乙
　　　　　　　　　亥　辰　亥　未
　　　　　　　　　支　　　　　干
　　　　　　　　　一　　　　　六

　　　　　　　　　七　二　七　歲
　　　　　　　　　兄十　日　　四三
　　　　　　　　　體死　世五　　鬼命生
　　　　　　　　　　　　氣驚

　　　　　　　　　六一　三四　　九八
　　　　　　　　　　財　孫福傷　　官開害

　　　　　　　　　五二　八九　日世　十七
　　　　　　　　　父歸景　孫宜休　三五命死　月父杜游

中宮의 雙財가 歲上 絶命을 助하고
歲絶命이 日을 克하며 日이 乘合하지
못하니 凶하다. 다만 歲上 數로 決定하
니 三歲에 死亡하게 된다.

　　　己　庚　丁　癸
　　　卯　戌　巳　巳
　　　支　干
　　　九　九

　　　歲　十八　七一
　　　月鬼傷　官杜歸　財游開

　　　六二　九　二六
　　　父氣驚　孫　財宜生

　　　一七　八十　日世
　　　父害休　兄體景　三五命死

日이 死門 絶命을 逢하고 雙九金이 中宮에 動하니 歲宮과 中宮이 相戰하게 되고 歲月鬼가 日을 克하며 또는 日이 上에서 克을 받으니 不吉하다 하겠다. 다만 死絶命數로 決定하니 五歲를 지내지 못하게 된다. 그러므로 夭壽라 한다.

辛卯
干一
九四 官歸休
四九 鬼德傷
五〇 兄八休驚

日、時、支에 死絕이 重重하며 歲가 雙金鬼를 助하고 鬼가 旺地에 居하니 夭壽할 命이라 한다.

壬辰
二一 父游景
一二 孫
十三 時世死命
三十 財氣生

歲宮이 開門을 逢하므로 歲를 冲하는 數로 決定하니 겨우 네 살에 死亡하였다고 한다.

甲子
支二
七六 月父宜杜
八五 歲財害開

庚寅
一一 財游杜
六六 月財宜生
七五 世日命死

乙酉
干三
四八 官歸開
三九 月孫
二十 兄體驚

丁亥

辛丑
支九
九三 鬼德休
十二 父氣景
五歲時 父害傷

日이 死門 絕凶을 逢하고 歲宮에 傷害가 있으며 歲宮이 日上 死門 絕命을 助하니 夭壽할 것이 分明하다. 다만 助數로 決定하게 되니 歲宮數가 七火이므로 七歲에 死亡한다.

戊寅	丙辰	丙申		癸未	丁巳	丁卯	癸卯
干七		支八		干一		支四	

戊寅　　　　　　　　　　　　癸未
　干七　　　　　　　　　　　　干一
　　日　時　　　月　　　　　　　歲　　　月　　　　
　五十　八七　三二　　　　　九六　二三　七父
　世氣　害驚　父命　　　　　鬼宜　父德　八傷
　　傷　　　　　死　　　　　　開　　杜　歸

　　兄　鬼　財游　　　　　　官　財　世驚
　十五　七八　四一　　　　　四一　一四　八七
　體景　　　　生　　　　　　害生　　　　體

　　孫　孫宜　歲財　　　　　孫福　孫景　兄命
　一四　六九　九六　　　　　五十　十五　三
　德休　　開　歸杜　　　　　　死　氣　　休

歲가　中鬼를　助하고　中鬼가　日을　剋
하며　月上에　死門　絶命이　日을　助하니
天壽할　것을　可知하겠다。
日이　生氣를　逢하므로　生氣上　天盤數
로　決定하게　되어　五歲의　命이라　한다。

中宮이　歲鬼를　助하고　歲가　日을　克
하니　夭壽할　것은　틀림　없다。
死門　禍害　天罡土가　財를　生하고　財
가　歲鬼를　生하므로　다만　歲數로　決定
하니　六歲에　死亡하였다。

丁 壬 壬 辛
丑 子 申 丑

　　干三　支五

一日世　四財德　九財歸
七宜　　四傷　　生
驚

六二兄　三五孫　十八父
游休　　死　　　休死

七一鬼　二月官　五歲時
害景　　六氣杜　三命開

日數가 時令의 死氣를 乘하고 또 天盤이 克한다. 旺者가 克을 受하므로 天壽할 것을 可히 알 것이다. 歲絶命이 生을 受하니 生氣上數로 決定하게 되어 生氣數가 六이므로 六歲에 死亡한다.

丙 戊 壬 丁
辰 辰 寅 巳

　　干三　支一

一三鬼　四十兄　九時歲日
開　　　體杜　　五世
　　　　　　　　氣傷

六八官　三一財　十四孫
害生　　　　　　德驚

七七父　二三父　五九孫
游死　　歸景　　宜休

日數가 時令의 死氣를 乘하였으나 多幸히 生氣를 逢하였다. 그러나 九金의 洩함을 受하므로 어찌 長壽하리요. 다만 絶命數로 決定하니 三十一歲의 命이라 한다.

己丑　辛未　丙午　戊子
　　　　　干四　　支九

月二　日世　兄十三
父一　五八　德死
游傷　鷲歸

　　　父七　一二
四九　六宜　孫
官　　景　　氣生

八五　三十　六歲
財命　財體　孫七
休　　開　　害杜

雙鬼가 中宮에 動되고 日이 死氣를 乘하고 死地에 居하니 다만 絶命數로 決定하게 되므로 二十二歲에 死亡하였다. 絶命이 鬼를 助하는 年으로 決定한 歲가 中鬼를 克하므로 善終은 하였다.

己丑　乙亥　庚寅　丁丑
　　　支一　干一

九三　二十　七五
財命　父體　父氣
傷　　鷲　　開

四八　一一　八四
財害　孫　　時兄
休　　　　　德杜

月五七　十二　時三
鬼游景　官歸死　歲九
　　　　　　　宜生

年月日上에 九金이 있고 九金과 月上 七火가 相戰하니 凶하다. 그러나 多幸히 門卦가 吉하니 助鬼하는 絶命上 數로 決定하여 三十七歲에 死亡하였다.

| 戊 乙 乙 癸 | 壬 庚 丁 |
| 寅 卯 卯 亥 | 午 申 子 巳 |

　　　　支　干　　　　　支　干
　　　　五　一　　　　　五　二

七　　二　　九　　　八歲　三時　十日
官九　鬼四　孫七　　　九財　四財　七世
歸傷　德杜　宜開　　　歸死　德景　宜休

八月　一　　四　　　九　　二　　五
世八　五財　孫二　　八父　五孫　二兄
體驚　　　　游生　　體生　游　　　驚

三時　十　　五歲　　四　　一月　六
兄三　父六　父一　　三父　六官　一鬼
休命　氣景　害死　　命開　氣杜　害傷

　　　　　　　　　　　日
　　　　　　　　　　　數
　　　　　　　　　　　가
　　　　日　　　　　　死
　　　　이　　　　　　氣
　　　　時　　　　六　를
　　　　令　　　　歲　受
　　　　의　　　　에　하
　　　　氣　　　　死　고
　　　　를　　　　亡　絶
　　　　乘　　　　하　命
　　　　하　　　　였　氣
　　　　고　　　　다　를
　　　　居　　　　．　助
　　　　旺　　　　다　하
　　　　하　　　　만　니
　　　　고　　　　絶　天
　　　　兼　　　　命　盤
　　　　旺　　　　數　에
　　　　하　　　　로　洩
　　　　니　　　　決　氣
　　　　壽　　　　定　를
　　　　하　　　　하　受
　　　　고　　　　니　하
　　　　貴　　　　四　고
　　　　하　　　　十　絶
　　　　며　　　　三　命
　　　　八　　　　歲　이
　　　　十　　　　의　日
　　　　壽　　　　命　을
　　　　를　　　　이　助
　　　　하　　　　라　하
　　　　였　　　　한　니
　　다．　　　　　　다．四
　　그러나　　　　　　　十
　　休門이　　　　　　　歲
　　絶命을　　　　　　　의
　　逢하였으므　　　　命
　　로 絶命上數로 決定한다．

251

丙寅	乙巳	甲午	丙寅
		干九	支一
七鬼三死命	十月兄生體	五日世五氣傷	
二官八害杜	九一財	六孫四德驚	
三父七游開	八二父歸休	一歲孫九宜景	

日이 時令의 生氣를 得하고 天地盤이 相生하며 吉門卦를 逢하니 吉하다. 日이 歲時를 助하고 歲時가 景門 天宜 吉門卦를 逢하며 中宮의 財가 助生 하니 富하며 貴하고 壽命이 八十 上壽 하였다.

丁未	丁卯	癸亥	癸丑
		干一	支八
七財二命傷	二財七害杜	九時開十官氣	
八世日一游驚	一孫八	四官五體生	
三兄六歸休	十父九宜景	五月死四德父	

日이 時令의 氣를 得하고 身疆하는데 에 雙財가 兼旺하니 大富라 한다. 子孫이 乘生하고 受生하며 月支의 旺 旺을 受하니 七男 五女가 다 貴를 得하 였다.

癸　甲　辛　丙　　　　　壬　壬　壬
　　　酉　辰　卯　戌　　　　　申　寅　寅
　　　　　支　干　　　　　　　　　支　干
　　　　　三　四　　　　　　　　　九　一

　　十日　五　　二　　　　七　二　　九時
　　世七　兄二　害五　　　父三　父八　一鬼
　　體驚　氣開　孫杜　　　德杜　歸景　游休

　　一　　四　　七時　　　八　　一　　四
　　官六　三父　孫十　　　兄二　九財　六官
　　歸傷　　　　命死　　　氣開　　　　宜傷

　　六　　三　　八歲　　　三月日歲　十　　五
　　鬼一　財四　財九　　　世七　　　十孫　五孫
　　游景　德休　宜生　　　害生　　　體死　命驚

　　　　　　　　　　　　　　日이 旺하고 生地에 있으며 上盤이
　　　　　　　　　　　　　　下盤을 生하고 또 生門을 逢하니 富貴
　　　　　　　　　　　　　　하고 壽는 八十歲까지 되었다.
　　　　　　　　　　　　　　旺空은 非空되며 歲月日이 同宮에서
　　　　　　　　　　　　　　受生하고 生門을 逢한 所以라 하겠다.

　　紛相壽象日
　　憂冲를이數
　　가이하라가
　　不되겠하時
　　絕므다였令
　　하로。다의
　　였一그。生
　　다生러歲旺
　　고에므月을
　　한遷로日得
　　다移七時하
　　。가十가니
　　　頻二辰長
　　　繁歲戌壽
　　　하의　卯의
　　　며　　酉

己	己 甲	戊		庚	壬 丁	乙
巳	亥 子	午		子	子 亥	未

	支 干			支 干	
	八 九			四 四	

時 五二 命景 鬼	歲十 官七 杜害	父七 氣十 開	十八 官 歸休	五三 福 鬼開	二歲 財六 宜杜
六一 孫 游休	九八 財 死	二五 父 體死	一七 父 景氣	四 孫四	七一 財 游生
一六 孫 歸驚	八九 兄 宜傷	日三 世四 德生	六二 父 命傷	三時 世五 氣驚	八十 兄 害死

日이 時令의 氣를 得하지 못하였으나 生氣卦를 逢하므로 小吉하다。雙金이 中宮에 動하고 日이 天盤인 五土를 逢하였으며 天盤에서 剋을 受하니 客死할 八字라 한다。絕命上數로 決定하니 六十四歲의 命이 되었다。

日數가 吉門卦를 逢하였으나 日主 金이 時令의 氣를 得하지 못하고 日이 病死地에 있으니 어찌 長壽한다 하리요? 大運이 財地로 向하니 財가 時鬼와 絕命을 助하므로 五十六歲에 死亡하였다. 十一月은 子月이니 金이 子에 死되므로 時令의 氣를 얻지 못한 所以라 하겠다.

254

乙酉	乙酉	乙酉	甲申

干七 支三

五時兄害杜	八二父氣開	三七父體休

十日月歲世生命	七三官	四六財歸景

一九孫宜死	六四孫德驚	九一財游傷

四辰이 雙立하고 日이 絶命을 逢하였으나 生門을 逢하니 生門이 爲主하므로 化殺하니 도리어 權力을 得함이라. 손에 兵權을 쥐고 大將을 하니 名이 四海에 振動하였다.

中宮의 官星을 旺財가 助한 所以라 하겠다.

甲戌	丁卯	壬寅	甲辰

干六 支五

四七孫宜景	七四官德休	二時九鬼開歸

九二孫游驚	六五財	三月兄八體杜

十歲一父害傷	五六父氣生	八日世三命死

中宮에 財가 動하여 官을 助하고 歲가 日을 生하며 日數가 時令의 旺氣를 타고 旺地에 居하며 兼旺하니 死門絶命이 重重하나 도리어 化殺되므로 壽도 하고 富도 하니 一生이 大通하였다 함이다.

255

六十二、人命流年

每年、生月、生日、生時의 數로 布局하여 吉凶을 論하니 六親의 吉凶도 論하는 데에 이와 同一하다.

그 中 雙勢가 特別이라 한다. 雙印의 助함이 있으면 大吉하고 雙子孫이면 生男의 慶이 있다. 그러나 歲中이 來剋하면 無力하다. 平生에 回運은 命局上을 推去하니 처음에 日支數에서 시작하여 宮마다 세어가면 九宮에 四十五年이 順回되고 다시 日數의 天干數로 每宮마다 逆回하여 九宮을 終하면 四十五年이 된다. 合하여 人生의 一期를 九十年으로 計算한다.

人生의 生年 生月 生時가 命局이 되니 日辰宮으로부터 初年數를 計算하니 假令 日辰宮에 數가 一이면 一歲가 되고 二數면 二歲、三數면 三歲、四數면 四歲、五數면 五歲、六數면 六歲、七數면 七歲、八數면 八歲、九數면 九歲로 하고 만일 十數면 十은 原來 九宮法에 十土가 無하므로 中宮의 隱伏數로 代用한다. 隱伏數가 一이면 六이요, 六이면 一 一六 二七 三八 四九로 計算하라.

日辰宮數 끝나면 다음 宮도 이 式으로 計算하라.

그러므로 日數가 一이면 一年의 일을 보고 九면 九年의 凶과 吉을 보게된다. 그 宮이 死門 絶命이면 死絶의 厄이 있고 生門 生氣면 生産의 事가 있으며 父母宮이면 父母에 일이 있고

妻財宮이면 妻財의 일이 있게 된다. 官宮에는 官職을 得하고 鬼宮에는 疾厄이 있게 된다. 또 다시 當年의 支가 凶運이 되면 凶하고 吉運이 되면 吉하고 天宜休門이면 財穀의 事가 있고 傷門 禍害는 厄이 많다. 歸魂이면 藏匿하고 游魂 驚門이면 行路에 驚駭할 일이 있고 宴樂의 일이 있고 旺生宮이 되면 吉하고 休衰宮이 되면 凶하다. 家運推數法으로 計算하여 가면 몇代까지 가며 亡할 것을 알 수 있다.

各自의 命局에 子孫數가 時令의 氣를 受하고 生을 受하며 兼旺 居旺하며 生氣 生門에 福德 開門이면 子孫이 繁榮하여 赫赫하고 子孫數가 剋을 受하며 休杜를 逢하면 當代에 絶死하게 되고 死門 傷門 絶命을 보면 많이 失敗하게 된다.

禍害가 되면 子孫에게 厄이 많다. 陽이 陰을 生한 者가 男이 되고 陽이 陽을 生하면 女兒라 하고 陰數도 이와 일반이라 한다. 子孫數를 計算하는 데에도 本日辰을 爲主로 한다. 子孫數가 中宮에 入하여 計算하게 되면 曾孫高孫까지 推數할 수 있다.

運에 依하여 旺生되며 吉門 吉卦가 되면 傳之하여 無窮이라 하겠다. 休囚死絶에 凶門凶卦가 되면 子孫運이 凶하게 된다.

每年 年局에 一年의 吉凶이 論에 昭然하다.

友賓客이라 하고 日支는 巳身 家宅이요, 時支는 奴僕과 男兒라 한다. 太歲는 父母 또는 官爵이요, 月支는 兄弟 朋七九의 凶數라도 天宜가 되면 六親中에 病이 있다 하여도 바로 낫게 됨이다.

歲가 九七이면 父母의 病이 있으나 天宜가 臨하면 父母의 病이 낫고、 歸魂이 太歲에 加되면 官職을 罷하고 돌아온다.

歲가 中鬼를 助하고 歲月이 아울러 日月鬼가 되고 歲가 月鬼를 助함이 되거나 歲上에 雙金 雙火가 되거나 中宮에서 雙鬼를 보거나 日月鬼가 아울러 克을 受하면 다 凶하니 반드시 官厄數 가 있게 된다. 日이 游魂이나 絕體를 만나며 日馬가 歲中에 있으면 반드시 刑務所에 가게 된 다.

歲는 助하나 月鬼가 되고 歲月이 아울러 日鬼가 되면 本道內의 刑務所로 가게 된다. 罪가 무슨 原因으로 되는가를 알고저 하면 助鬼數로 決定하니、 水가 加하면 酒色 雜技의 罪요、 土가 加되면 山田 倉庫의 事件이요、 金이면 兵馬 錢穀의 事件이요、 木이 加되면 布匹 藥果의 事件이요、 火는 文書 口舌이라 하니 北에 있으면 北人이 요、 南에 있으면 南人이라 한다.

火木土鬼의 姓과는 同事를 하지말라. 同事하면 凶事가 오게된다. 助함이 있으면 吉하고 克함이 있으면 凶하다.

歲가 受剋되면 克으로 論하고 歲가 鬼를 助한 것으로 論한다.

歲上의 雙金 雙火도 이와 같이 凶하다 하겠다.

父母가 되면 父母에 일이 있고 子孫이 되면 子孫의 일로 보고 妻財가 되면 妻財의 事로 본다.

日辰이면 自身의 일로 보니 다 凶하게 된다. 雙鬼가 並立되면 가장 무섭고 空亡되어도 좋지 못하다. 그러나 歲가 生門이나 開門이나 福德 天宜가 되면 끝에 가서는 吉하게 된다.

歲數가 九요, 月數는 七이라면 火金이 相戰함이니 다 刑厄을 當하게 된다.

月上에 雙九 雙七이 天盤을 克하면 다 매 맞는 刑厄을 當하게 된다. 그러나 旺과 衰와 空虛를 分하여 決定하라.

中宮이 歲를 助하고 歲가 日을 生한 者, 歲가 中宮을 助하고 日을 生한 者, 歲月이 아울러 日을 生한 者, 歲月이 아울러 生을 受한 者, 歲에서 生을 受한 者는 다 吉하다. 歲가 開門 福德을 逢하면 官職에 榮轉의 數가 있게 된다.

太歲가 日辰을 生하여 주면 이 해에 身數가 大通하게 된다.

日辰이 死門 絶命에 鬼가 旺生되면 이 해에 壽命을 保存하기 어렵다.

日이 旺生하면 歲支에 百凶이 있다 하여도 無事하고,

旺地에 居하나 歲月이 아울러 絶命이 되며 絶命이 中鬼를 助하면 命이 위태롭다. 歲死絶

이 月을 剋하고 中鬼가 助함을 得하면 亦是 凶하다.

雙九가 鬼가 되면 凶中에도 더 凶하니 助함을 得하면 더 凶하다.

火鬼가 旺旺하면 이 해에 凶이 더 凶하다. 休門에 月鬼가 되고 日이 無氣하면 十分더 위태롭다.

四絕이 鬼를 作하나 日冲을 逢하면 다시 살아나게 되니 吉하다.

歲中이 鬼를 制하면 危中에도, 救出됨이 있다.

日支가 歲宮을 逢하면 이 해에 運數가 通하다.

日이 生을 受하면 도움이 있고 月이 兼旺되면 人口를 進하게 된다. 日辰이 吉門卦를 逢하면 비록 凶이 있으나 終當에는 吉하고 日驛馬가 中宮에 있으면 家宅이 移動하게 된다. 日辰 上下가 冲을 作하여도 그러하고 歸魂을 逢하여도 그러하다. 日이 九七이라도 天宜를 逢하면 死病中이라도 効力을 보게 되고 父母가 歲支에서 旺生하며 歲가 中宮 父母를 生하고 歲父母를 生하고 歲月이 아울러 父母를 生한者는 이 해에 父母가 大吉하다.

父母가 中宮에 動하고 歲에 있으면 이 해에 父母에 일이 있으나 歲 絕命과 死門이 되며 歲가 日을 剋하면 父母의 患이 있다.

父母가 剋을 受하고 死地에 居하며 歲支가 凶運 凶門을 逢하고 中宮이 歲上父母를 剋하고 歲上 雙金 雙火가 되면 父母가 驚危하게 된다.

雙金이 父母가 되면 父母가 편하지 못한다.

妻財가 歲를 生하되 旺旺 生生하여 加臨되고 歲가 中宮 妻財를 生하며 中宮이 歲의 妻財를

生하고 歲月이 아울러 妻財를 生하면 吉하다.

妻財가 中宮에서 動하면 이 해에 妻財의 事가 있다.

日辰이 絕體를 逢하면 妻에 病厄이 있고 妻財가 克을 受하고 死地에 居하며 歲支가 凶運을 逢하고 中宮이 妻財를 克하면 妻財가 不吉하니 損財가 많고 空亡을 逢하여도 損失된다.

日이 兼旺을 逢하면 人口를 進하고 日이 兼旺하며 景門을 逢하면 이 해에 婚慶의 事가 있다.

金財는 金銀糧穀이요. 水는 布匹 苽果요、 또는 江海魚屬이라 한다. 土財는 五穀田地요, 火財는 담배 소금 爐冶等物이라 하니 生財之 月에 求하고 生되는 달 護我方에 나가서 모든 品을 求하라.

六十三、 官 職

官職은 全的 官星을 主하니 陽이 陰을 克하는 것이 官星이 되고 陽이 陽을 剋하면 官鬼라 한다.

官星이 旺하며 歲支를 旺旺 生生하고 歲官에 臨하면 大吉하고 中宮을 助하여 日을 生한 者 中宮官이 歲를 助하고 이를 生한 者 官이 歲를 助하고 日을 生한 者 歲가 開門 福德 天宜 游魂이 된 者 다 大貴한 地位로 遷職하게 된다 하고 財를 用하면 大貴한다 하였다.

財가 中宮에 動하면 官星을 助하니 官運이 發達하게 되고 殺이 中宮에 있으면 勢力있는 官을 하게 된다.

官星은 中宮에 動함이 좋고 歲中이 助官함을 보면 大吉하니 助官하는 것으로 昇進期를 알게 된다.

歲月에 官이 없고 中宮에 있으며 歲가 杜門歸魂을 逢하면 罷職 當하게 된다.

歲와 月이 아울러 官星을 剋하여도 罷職하고 돌아온다.

金官이 殺星이 되므로 日이 旺하지 아니하면 害가 되고 日이 歲支에 旺生되면 權勢있는 벼슬을 하고 日馬가 歲나 中宮에 있으면 榮轉하게 된다.

日馬가 中宮이나 月에 있으면 自身의 出入이 자주 있다.

中宮이 歲를 剋하면 父母나 官職에 근심이 있고 歲가 中宮을 剋하면 凶함이 있다. 太歲와 官星이 日空이 되면 官에 敗數가 있다.

歲가 開門 福德 天宜를 逢하며 歲가 日을 生하고 또 官星이 生氣를 逢하여 다시 退官者가 復職하게 된다. 官星이 長生地에 居하면 비록 空이 되고 歲가 休門 杜門이 되어도 허물이 없다.

歲와 中宮이 生하여 주는 자도 위와 같다.

官星이 雙旺한 者는 官이 一品에 至한다. 대개 水官은 一品이요, 火官은 二品이요, 木官은

三品이요, 金官은 四品이요, 土官은 五品이라 한다.
雙印이 中宮에 動하면 반드시 貴人이 도와줌을 받는다.
游魂 生氣 生門을 逢하여도 위와 같다. 中宮이 官을 克하면 官職에 凶하게 됨이라 한다.
그러나 官이 歲의 助함을 얻고 乘時하여 居旺하면 中宮이 剋하나 克한 것으로 **論하지 아니**하니 官運이 吉하다고 본다.

六十四、子 孫

子孫이 兼旺하고 居旺하며 歲支의 旺生함이 되면 多子하고 胎數를 兼하여 旺地에 居하고
子孫이 當歲의 旺生이 되며 歲月이 生門 生氣가 되면 이 해에 生産의 慶이 있다.
子孫이 歲와 相克되면 아들을 기르기 어렵다. 日數에서 胞를 이렇게 胎上에 至하여 日의 鬼가 되면 落胎수가 있다. 胎宮이 生門 生氣가 되면 雙胎가 分明하고 日上下가 相生하면 順産하며 日上下가 相比되면 더디고 上이 下를 克하면 母가 危險하고 下가 上을 剋하면 兒가 위태롭다.
門卦의 凶함을 보아 生産의 安否를 參論하라.
日上에 雙金 雙火가 相戰되면 産母가 雜病이 있게 된다.
夫나 婦의 行年이 胎宮을 冲破하면 이 해에 子孫이 生産되지 못하게 된다.

胎數가 六이 되면 異論하게 되니 私孕이 分明하다.

男兒를 出生하게 되는가 女兒를 出生하게 되는가를 알고저 하면 그 아기 밴 사람의 나이로 推知하게 되니 歲數와 合하여 九九로 除하고 남는 수가 陽이면 아들을 낳고 陰數이면 딸을 낳게 된다.

子孫이 居旺하면 子孫數와 歲上數와 合計하여 除하여 보는 수도 있으니 위와 같다. 子孫數가 中宮에 있고 歲日에 生氣가 있으면 이 해에 아들을 낳는 慶事가 있게 된다.

雙生하게 되는 것은 生氣 生門이 並至한 것이라 한다.

六十五、財

財數가 時令의 氣를 乘하고 居旺하며 兼旺하면 元來 富格이라 한다.

歲財가 日에 臨한 자, 歲가 旺한 財를 生한 者, 歲가 旺하여 助하고 財가 兼旺된 者, 天下에 巨富라 한다.

歲가 財를 助하고 財가 乘旺하고 受生된 자 歲가 月財를 助하고 財가 乘旺 居旺한 者, 月이 歲財를 助하고 財가 乘旺 居旺된 者, 歲와 月이 아울러 財를 助하고 者, 財가 乘旺 居旺된 者는 다 富格이라 한다. 그러나 運이 日辰에 있으니 日辰이 吉한 然後에야 비로소 大吉하다고 하겠다.

日數가 旺地에 居한 자, 生을 受한 者, 庫葬에 居한 자, 旺相의 氣를 乘한 者는 富格이라 한다.

財가 下宮에 動하고 雙印이 局에 있으면 財가 大發하게 된다.

日이 乘旺하고 居旺하며 歲와 中宮의 雙子孫이 財를 助하면 財物이 有餘하다.

歲中의 單子孫이 助하여도 위와 같다.

日이 受生되고 財도 受生하면 가난을 免하게 됨이라 한다.

財가 日에 旺하고 生地나 庫地가 되어도 財物이 饒足하게 된다.

財가 비록 死門 絶命에 臨하였으되 日辰이 生을 受하면 飢死까지는 아니 한다. 財가 生門 이나 福德을 逢하면 大吉하고 財가 日에 臨하면 財가 몸에서 떠나지 아니한다.

財가 空亡 死地에 居하면 가난하게 되며 언제나 財에 苦痛을 받게 된다.

運이 日辰에 있으니 長生이 되면 먼저는 가난하고 뒤에는 富하게 된다.

財數가 死氣를 乘하고 克을 受하면 결국에는 가난하게 된다.

財가 旺生되나 日이 剋을 受하면 가난하게 된다.

日辰의 上下가 六沖을 作하면 家業을 難成한다.

財가 日과 冲破가 되면 財物을 모이기가 어렵다.

年月日時에 兩三 火金이 相戰하면 困窮과 飢餓를 免하지 못한다

日辰이 桃花殺을 逢하고 禍害를 逢하면 悖倫 貪色하게 된다.

財가 空亡에 居하면 끝까지 財가 없게 된다.

그리고 財가 死地나 死門에 있으면 損財數가 많다.

元局 推運에 이르되 運이 妻財宮에 到하면 妻財의 일이 있고 官祿에도 利하다. 그러나 父母에게는 不利하다. 이것은 財가 父母를 克하는 所以라 하겠다.

每年 年評에 이르되 財가 中宮에 動하고 歲에 있으면 이 해에 반드시 財物에 대한 일이 있고 財가 雙立하면 큰 재물이 온다.

乘旺 乘令 等과 生死를 보아 吉凶을 判定하라.

財가 動中되고 歲에 있으며 日에 臨하고 雙印이 局內에 있어도 큰 財物이 온다.

雙子孫이 局內에 있어도 財의 도움을 받는다.

財가 月支의 庫가 되면 財物이 크게 오고 歲가 月財를 助하고 月이 歲財를 助하여도 財가 크게 온다.

日이 生을 受하면 財가 死地에 居하고 財가 克洩을 受하여도 己身과 家宅은 助益됨이 많다.

歲가 生門을 休門을 逢하면 논밭을 많이 사게 되고 財가 旺地에 있어 生과 比를 逢하며 歲支의 吉門卦를 得하면 大吉하게 되니 뒤에라도 財物을 얻게 된다.

財를 求하려면 生財하는 달로 보게 된다. 그러므로 水財라 하면 金이 旺하는 七八月에 財

가 생기게 된다. 火財라면 木이 生하여 주는 正二月로 財가 생기게 된다.

金財라면 金銀 보리 누룩等 이러한 物件에 屬하고 木이라면 木綿 布木 모수 약 과실등의 물건을 말함이고 水財라 하면 海魚 江魚 미역等의 물건을 말함이고 火財라면 담배 소금 鐵工 等의 물건을 가리키고 土財라 하면 五穀等의 물건을 가리킴이라 한다.

歲가 財를 生하면 官廳으로 因하여 財物을 얻고 財가 歲庫에 있으면 官人들로 因하여 財物을 얻게 된다.

財를 生하는 자가 貴人이니 二七이면 火姓의 貴人이요. 또는 南方 사람이 助하여 줌이라 한다.

財가 自身에 臨하고 木財가 되면 木姓人이 貴人이며 東方人이 助하여 준다. 그러므로 東方人으로 結緣을 하라.

日이 金을 가지면 錢利로 成家하니 돈놀이를 하는 것이 좋다. 日이 木이면 布木 약과 과실 等으로 結緣되며 日이 土면 田土에 結緣이 있고 日이 火면 담배와 소금과 結緣이 있고 月이 水면 江海의 魚雀과 結緣이 있다. 歲財가 中鬼를 助하고 鬼가 生을 受하면 무슨 水가 害財할 사람인 것을 알 수 있다. 月數가 木에서 剋을 受하면 木姓人이 財를 害하고 財 姓이 色으로서 禍가 일어나게 된다.

財를 剋하여도 一般이요, 財가 洩氣함을 受하여도 一般이라 한다.

木財가 旺地에 居하면 木姓人이 財를 助하고, 財가 空되면 冲方되는 곳이 利하게 된다. 그러므로 冲되는 姓도 역시 도와줌이라 하겠다.

財가 日에 臨하여 旺하고 助함을 逢하면 生日되는 자로 보게 되니 火가 生旺하면 文字上으로써 財物이 오고 金이면 兵事요、木이요、官人이요、土면 倉庫요、水면 工場이라 한다. 財를 求하려면 반드시 日을 生하는 方으로 求하여야 좋고 身을 生하는 달에 財가 온다.

身은 生鄕에 있고 財는 衰死地에 있으면 生財하는 달에 財가 온다.

財가 死地에 있고 剋을 受하는 者는 아울러 財를 損하게 된다.

歲와 中宮이 財를 克하면 官上 人으로 因하여 損財하게 된다. 歲가 中財를 剋한 者 中宮이 歲財를 剋한 者 歲가 月財를 剋한 者、歲月이 아울러 財를 剋한 者는 損財하게 되며 雙七雙九가 財와 日辰을 冲하면 아울러 凶하게 된다. 그 中에 死絕을 逢하면 더 凶惡하게 된다.

歲財가 中財를 助한 者 中財가 歲鬼를 助한 者는 다 財色으로 因하여 禍가 일어난다. 만일 鬼가 生을 受하면 크게 財產을 蕩盡하게 된다.

雙金이 財가 되어도 禍를 일으키게 되니 求하지 말것이라 한다.

損財되는 時期는 財數가 中宮에 入하여 逆으로 歲上에 至하여 一六水에 다면 一六月이라 하고 또는 壬癸月이라고도 한다.

六十六、子 孫

子孫數를 計算하는 데에는 水子孫이면 一人이요, 火子孫이면 二人이요, 木子孫이면 三人이요, 金子孫이면 四人이요, 土子孫이면 五人이라 한다. 그러나 陽土는 火에 屬하므로 一人이라 보기도 하고 陰土도 火에 屬하므로 或 二人이라 하기도 한다. 日數가 土면 加한 數로 論하게 된다. 假令 十土上에 一字가 加하면 一人이요, 二字가 加하면 二人이니 이 이치로 推知하다.

四九는 金이 水를 生하므로 一數로도 決定하는 수가 있다. 子孫數가 乘旺되고 兼旺하며 旺生하면 아울러 子孫이 많다. 男子孫이 生助되면 本數를 지나 더 두게 되고 女兒子孫이 生門과 吉門卦를 逢하면 本數에 지나치게 된다. 本數는 水一 火二 木三 金四 土五이다. 그러나 旺生되면 이 以上 더 두는 것을 가리킨다.

四九金이 子孫數가 되면 嫡庶의 區分이 있게 되니 或 異腹子孫이 있게 된다. 數가 되면 子孫이 分明하다 한다. 一六이 子孫數가 되면 胎數에 六이 되면 私子를 두니 外房에서 得子하리라 한다.

天盤에 六과 癸가 胎宮에 臨하면 그러함이라 한다.

子孫數가 乘旺居旺 兼旺하여 受生되면 數가 많으므로 賢良하기도 한다.

上에서 生을 受하고 生旺하면 極旺됨을 忌하므로 첫아들을 낳지 못하고 外産이 있게 된다.

時令에서 休衰되나 居生되고 旺旺하면 妾子가 太盛함이라 한다.

天盤에서 受生되어도 本數外에 一男을 加算하게 된다.

天盤이 本儀를 逢하여도 同一하다 한다. 子孫數가 雙立하면 雙胎가 됨이라 한다.

子孫이 生旺運에 있으면 일찍 生男하게 된다.

日辰이 長生運에 있으면 子孫이 受克되나 生男을 하게 된다. 그리고 休絶을 逢하여도 子孫

이 있어 뒤를 잇게 된다.

歲가 中宮을 助하여 生을 受한 者 겸하여 吉門卦를 逢한 者는 大吉하다.

時干上數가 陽이면 먼저 아들을 낳고 陰이면 첫딸을 낳게된다.

干數가 너무 旺하면 陽이 도리어 陰이 되므로 첫딸을 낳게 되고 陰數가 過旺하면 도리어 陽

이 되는 故로 첫아들을 낳게 된다. 日辰이 養運에 있으면 他人의 자식을 기르고 그렇지 아니

하면 他人에게 出養하게 된다.

時干 時支가 生門을 逢하고 時令의 旺을 乘하여、居旺되고 生을 受하면 男女의 子孫이 많

고 子孫들이 壽하고 福이 있게 된다.

子孫數가 時令의 休囚된 氣를 乘하고 死衰地에 있으면 子孫이 크게 이롭지 못하게 된다.

270

男兒가 休門을 逢하면 男兒가 亡하고 女子가 休門을 逢하면 女兒가 亡한다. 雙九 雙七의 殺星이 子孫에 旺하면 子息이 孤單하다. 單九 單七도 위와 同一하게 論한다. 子孫이 日에 臨하며 休門을 逢하면 첫아들을 낳지 못한다.

死絕을 逢하여도 失敗가 많고 傷害를 만나도 傷害가 많다. 上이 克하여도 育成시킬 수 있으나 旺者가 克함을 忌하는 故로 或 기른다 하여도 中道에 死傷이 많게 된다.

時令의 死氣를 乘하여도 子孫이 盛하지 못하게 된다. 空亡되면 子孫이 病이 많고 運이 休衰를 逢하면 或 生하드라도 無子하기 쉽다. 庚丙과 英과 柱와 雀殺 虎狂 巳天格 等을 時干時支에 逢하면 不吉하며 兼하여 死絕을 逢하면 더욱 凶하다.

歲가 中宮의 剋함을 助하고 中宮이 歲의 克함을 助하며 歲中이 아울러 子孫이나 日辰을 剋하면 大凶하다.

歲나 中宮의 父母가 子孫과 相剋하여도 크게 凶하다. 子孫數가 休門을 逢하며 克을 受하면 當代에 絕嗣하게 된다.

局中에 三八이 父母가 되고 父母數가 重重하며 旺하면 다 無子라고 論한다.

日이 中宮을 助하나 歲上 子孫을 克하면 生產을 하기가 어렵다.

生男되는 해는 어떻게 알게 되는가? 子孫數를 順으로 세어가 生氣에 至하니 이 數가 一六이면 壬癸年이라 한다. 다음 生門을 從하여 次男의 生하는 해를 알게 된다.

生女의 해는 子孫數가 中宮에 入하여 逆數로 生門宮에 至하여 一六이 되면 亥子年이라 한다. 그다음으로 生氣宮을 從하여 次女의 生하는 해를 알게 된다.

또한 法이 있으니 日辰의 上下數로 中宮에 入시키어 順布하고 逆布하여 雙男이 現하는 해에 生産한다고 한다.

一六이 雙이 되면 壬癸年이라 한다.

이로써 生門을 至하여 次男을 낳고 또 生氣宮에 至하여 次産하게 됨이라 한다.

이 法으로 男女의 出生期를 推知하라.

元局 推運에 이르되 運이 子孫宮에 到하면 子孫의 일이 있으나 君子는 官職의 일에는 不利하다.

小人이 財物을 得하고 吉하다 하니 格의 吉凶에 依하여 斷定하라.

家運推法에 이르되 子孫數가 時令의 旺氣를 乘하고 上下가 相比되면 子孫數가 傳하여 恨이 없다.

兼하여 生門生氣를 逢하여도 顯達하게 된다. 本日의 支로 主를 하니 다시 子孫이 中宮에 入하여 布局하되 門儀가 中宮에 隨入하니 위의 年局例에 依하여 子孫의 吉凶을 알게 된다.

272

또 子孫局은 子孫數가 中宮에 入하여 布局하면 曾孫의 旺衰도 알 수 있게 된다. 이 法으로 미루어 千百代의 興亡을 알 수 있다.

또 한가지는 本上下子孫數를 中宮에 入시키어 布局하니 日辰으로 初年을 이렇게 陽遁은 順數하고 陰遁은 逆數하니 生氣吉門卦宮에 至하여 盡宮數로서 몇해 몇代의 吉할 것을 알게 되고 囚死 凶門卦가 되면 盡宮數로서 몇해 몇代의 凶함을 알게된다. 官職이면 歸魂宮에 至하여 退職을 하게 되니 몇 代에 退官할 것을 알게된다.

每年 年評에 이르되 子孫이 中宮에 動하여 歲에 있으면 子孫의 일이 있으니 子孫이 居旺하고 兼旺하며 歲支의 旺生함이 되고 또 日辰이 胎宮이면 得男하게 되고 그 中 生門 生氣를 同宮에서 俱逢하면 生産의 慶事가 있게 된다.

雙數가 中宮에 動하면 雙胎라 하며 歲와 日이 生門生氣 景門 福德을 逢하면 生男하게 된다.

日辰의 上下가 相生되고 者 妻財가 剋을 受함이 없으면 아울러 順産하게 된다.

下가 上을 剋하면 편하게 生産하게 된다. 上가 下를 剋하면 母가 편하지 못하나 下數가 乘旺하고 居旺하면 끝에 가서는 편안하게 된다.

胎宮上數가 日鬼가 되면 死胎하게 되니 無事하게 된다.

歲支가 冲克을 被하면 死胎요, 그렇지 아니하면 落胎하게 된다.

日辰의 雙火雙金이 六庚과 四九를 逢하고 六丙이 二七을 逢하며 七九가 相戰하면 産後에 雜症이 있게 된다.

夫妻의 運이 行年과 冲破되고 胎數가 日辰과 冲되면 十朔을 지내기 어렵다. 胎數가 六이 되면 私生兒라 한다.

子孫數가 死絕 傷害가 되면 生育하기 어렵다.

年上의 數가 八이면 八月에 生男하고 雙生數가 生氣數와 年月日數에 合되어 陰이면 生하고 陽이면 男兒를 生하게 된다.

이 所得數가 中宮에 入하여 生氣上에 至하여 두 번이나 陽을 得하면 雙男을 生産하고 陰이면 雙女를 生産하게 된다.

胎數가 兼旺하여 上下數 및 歲上數와 合計하여 除하고 남은 胎數가 歲上數와 같으면 이 數에 該當되는 달에 生産하게 된다.

胎數와 子孫이 兼하여 지면 이 數字가 되는 달에 生産하게 된다.

子孫과 太歲數와 合하여 九로 除하고 餘數가 陽이면 男兒를 生産하고 陰이면 女兒를 生産하게 된다.

子孫이 中宮에 動하고 歲에 있으며 歲日이 生氣를 逢하면 孕胎하게 된다.

六十七、官 星

日을 剋한 者가 官鬼니 陽剋陽이 鬼요, 陰剋陰하여도 鬼라 한다. 陽剋陰이면 官星이고 陰剋陽하여도 官星이라 한다.

開門을 逢하면 一品의 官職을 하고 死門을 逢하거나 杜門 休門 傷門 驚門 等은 다 不吉하다.

生氣 福德이면 一品의 官이요, 天醫면 二品의 官이요, 絕體 歸魂 游魂 禍害는 不吉하다 한다.

生氣는 生活을 主하고 天醫면 生殺의 權을 갖고 絕休는 曲折 變幻의 일이 많고 絕命과 歸魂 游魂은 出入이 많고 歲上 禍害는 戒門이니 武官을 하고 福德은 一品의 官을 하고 歸家한다.

官星이 時令의 氣를 乘하고 旺地에 居하며 生을 受한 者가 아울러 吉하다. 그 中에 吉門卦를 逢하면 더 吉하다.

歲와 官이 中宮을 助하고 日을 生한 者, 中宮官이 歲를 助하며 日을 生한 者, 歲官이 月을 助하고 日을 生한 者, 月官이 歲를 助하고 日을 生한 者, 歲月이 아울러 中宮을 助하며 日을 生한 者는 少年에 及第하여 大貴하게 된다.

그러한 中에 吉門卦를 逢하면 더욱 吉하다.

歲가 官을 助하고 中宮이 官을 助하며 官星이 乘旺하고 居旺하고 또 年月日時에 吉門卦를 逢하면 王侯의 象이라 한다.

그 中에 하나만 不吉하면 旺하나 壽를 하기 어렵다.

年月日時에 一二三 吉門卦를 得하면 高官을 하고 一二 吉門卦를 逢하면 下官이라 하겠다.

歲와 中宮이 官을 助하고 官星이 乘旺居旺 生旺하고 다시 四辰인 年月日時支에 禍害를 逢한 者, 四辰에 四九 辛庚金을 逢하면 將帥의 格이라 한다.

金도 殺이 되고 鬼도 역시 殺이 되나 化殺하므로 吉하다

歲가 中宮을 助하고 日을 剋하나 日이 旺氣를 乘하고 歲가 開門 福德을 逢하고 官이 旺生된 者, 歲가 中鬼를 助하나 日이 乘旺한 者, 鬼가 中宮에 動하였으나 日이 乘旺한 者는 아울러 化殺되므로 도리어 權勢를 갖게되니 大將의 職을 갖게 됨이라 한다.

歲가 開門 天醫를 보았으나 中宮을 克하고 또다시 歲數가 二七火가 되면 늦게 發展하게 된다. 歲가 官을 剋하면 官職을 得하기 어렵고 歲가 月을 助하고 月이 官을 助하면 혹 잘못된 일이 있으나 다시 勢力을 일으키게 된다.

또 天盤의 生을 受하여도 四方을 위와 同一하다.

旺官이 中宮에 居하면 四方을 坐鎭하는 象이라 하겠다.

五行이 寅申 巳亥 四生長과 子午卯酉 四極과 辰戌丑未 四季인 運이 順成 聯珠하여 吉門卦를 逢하고 純陰이 되면 天子의 象이라 한다. 純陽이 되면 王妃의 象이라 한다.

四辰이 絶命을 逢하고 雙鬼가 中宮에 動하면 極凶이 되므로 도리어 吉하게 되니 貴人이라 하겠다.

雙印이 局에 있어도 發達할 사람이라 하겠다.

四辰이 아울러 生을 受하고 旺하며 雙立하여도 大貴하게 된다.

官이 日에 坐하여도 官이 몸에서 떠나지 아니한다.

官이 乘旺됨을 要하니 歲에서 生을 受한 者、日에서 生을 受한 者、官이 助함을 受한 者、歲와 日이 아울러 生을 受하면 官이 大吉하다.

財는 官을 助하는 고로 中宮에서 動하고 歲貴가 日에 臨한 者、日貴가 歲에 臨한 者는 아울러 大貴하게 된다.

이렇게 되면 空地 死門이나 休門이나 絶命에 있다 하드라도 關係가 없이 吉하다. 歲數가 月干의 貴가 되고 日數가 時干의 貴가 되며 時數가 歲干의 貴가 되면 天子의 貴가 되고 日數가 時干의 貴가 되면 天子의 象이라 한다. 그리고 王侯의 象이라고도 할 수 있다.

歲貴가 歲祿으로 化하고 財가 動하고 官이 旺한 자는 公侯의 象이라 한다.

歲貴가 日數를 作하고 財가 中宮에서 動하고 官이 乘旺하여 生地에 居하며 日貴가 歲數를

作하면 아울러 宰相이 됨이라 한다.

이러하면 財의 動함을 보지 아니하여도 官이 旺相하고 開門과 福德을 逢하면 一品의 貴가 된다.

金貴가 乙巳 丙丁에 있는 고로 丙丁生人이 歲에 開門과 福德을 逢하면 將帥가 된다.

歲支가 當日의 天乙 貴人이 되고 歲가 開門 福德을 逢하면 高文에 合格하게 된다.

官星이 歲祿에 있고 日祿이 歲에 있는 者가 아울러 官에 吉하다.

歲가 官을 剋하나 官星이 雙立되면 허물이 적고 官이 死地에 居하나 生을 受하면 허물이 없다.

官이 비록 死地에 있으나 歲가 開門을 逢하면 허물이 없게 된다.

歲貴가 日에 臨하고 日貴가 歲에 臨하며 官이 日에 臨하고 歲가 日에 臨한 者, 歲와 日이 아울러 生을 受한 자는 거리낌이 없으므로 비록 落職이 된다하여도 不久에 復職하게 된다.

官星이 歲支에 旺生되어도 官이 吉하고 運이 日辰에 있어도 끝까지 吉하다.

釣歌에 이르되 直符가 歲支에 加된 자, 官이 一品에 至한다 하였다.

天盤이 日干 直符를 加한 者, 天盤이 日干 開門을 逢한 者는 官이 一品에 至한다. 月干이

生門 開門 景門을 逢한 者, 生門이 月支에 加된 者, 月干이 生門을 逢한 者, 居旺하고 生旺

278

하고 三奇가 月干에 加된 자는 아울러 官이 吉하다.

官星이 時令의 休囚가 되고 死宮에 居하고 克을 受한 者, 歲支에 死絶이 된 者, 空亡에 居한 者, 杜門 歸魂 絶令이 된 자는 아울러 官이 不吉하다.

歲가 杜門 休門 歸魂 絶體를 逢한 자, 歲가 克을 受한자, 殺星이 重重한 자는 아울러 不吉하다.

月干이 傷門 杜門을 逢한 者, 門이 宮을 克한 者, 丙庚이 加會된 者, 死에 居하고 克을 受한 者가 아울러 不吉하다.

대개 科擧에 合格되는 해는 日이 開門을 逢하고 官이 中宮에서 動하게 되는 수가 많다. 그러므로 一六宮이 開門宮數면 壬癸年으로 본다. 그리고 昇進되는 해도 開門宮運을 만나는 해에 된다.

每年 年評에 이르되 위에 말한 바와 같이 吉格을 得하면 吉하다. 그러므로 大小에 各各 應함이 있음이라 한다.

貴祿馬 및 化殺된 格들은 吉하다.

六十八、人生의 壽夭歌

日이 生氣를 逢한 者, 兼하여 時에서 旺을 得한 者, 歲旺에 居한 者, 中宮이 日을 生한 者

279

中宮이 歲를 助한 者는 다 壽하는 삼이라 한다.

日辰數가 上生을 受한 자 또 生門卦를 逢한 者 역시 壽하게 된다.

宮이 生하여 주는 者는 아울러 다 壽하게 된다.

日辰의 上下가 相比되어 吉門卦를 逢한 者는 다 壽한다.

大槪 日이 時令 旺氣를 乘하면 불 속에 들어가도 不燒하게 된다.

日支가 絶命 死門에 時令의 死氣를 得하고 死宮에 居한 者, 歲가 日을 剋하며

日, 中宮이 歲를 助하고 歲와 月이 아울러 日을 剋하고 月이 無氣한 者 凶者,

死門과 絶命이 日을 剋한 者, 또는 中宮이 休衰의 氣를 乘한 者, 歲가 月을 剋하고 日을 剋한

卦를 逢한 자 들은 다 夭壽하게되고 크게 凶하다.

日이 絶命을 逢한 자는 元來 夭壽한다고 보나 時令의 旺氣를 乘하면 도리어 壽하게 된다.

그리고 生을 受하고 生門을 兼하면 兩生이 되므로 絶命이라 論하지 아니한다.

中宮이 歲絶命을 制하여도 可히 救出된다. 歲絶命이 日을 剋하면 비록 生氣를 逢하였다 하여

도 일찍 夭壽한다.

中宮이 歲의 生하는 것을 制하면 生하나 生함이 되지 못하고 歲가 中宮의 生함을 制하면

역시 그러하니 日이 비록 生氣가 있으나 역시 夭壽한다.

七九가 年月日時 四辰에서 相戰하면 十日以內에 死亡하게 된다.

280

日이 雙旺한 者、 乘旺한 者는 一凶이 있으되 凶함이 되지 않고 도리어 吉이 凶을 剋함이 됨이라 한다.

二吉 一凶을 吉하는 데에 屬하고 二凶一吉은 凶한 데에 屬하게 된다.

歲가 中鬼를 助하면 그 害가 크고 父母를 助하면 福壽가 長久하게 된다.

日이 乘旺함이 最吉하다 하겠으니 火에 入하여도 不死하게 된다.

雙九 雙七이 最凶하니 歲나 中宮에서 制하지 못하면 크게 凶하다. 雙金 雙火가 歲中에 있어도 역시 그러하다.

日이 無氣하여도 最凶하고 雙九 雙七의 官鬼도 역시 最凶하다.

雙九 雙七이 中宮에 動하면 불에 타 죽거나 칼 맞아 죽거나 매맞아 죽거나 客死하거나 하는 수가 있게 된다.

附錄

第一節 四柱設局法

己甲壬戊
巳午戌午

干三
支四

戊
壬丙
父

霜降五局 布局

乙辛戊—日干

52 一六 父
40   宜 休
     胞 葬

85 六一 壬丙 父
6   渃 驚
        胎

丙
世癸

49 四三 景
3 　　 死
   福
   死

日 歲
干

戊己 兄干
時干

69 九八 死
27   歸 衰
       病

時

癸 孫庚
歲干
官

72 三四
19

戊

60 十七 生
34   體 旺

月干
庚 財壬

51 二五 杜
45   氣 浴

月干

79 七十 傷
15 　　 害 養
          生

丁乙—月
財

己 孫丁

90 五二 開
5   命 冠
       帶

乾上十土는 中宮隱伏數를 用하니 中宮이 四이므로 九가 된다. 十土를 九로 計算한다.

282

地盤 四數가 中宮에 入하여 局을 布하니 順布하므로 坎에 五、坤에 六、震에 七、巽에 八 中宮에 九、乾에 十、兌에 一、艮에 二、离에 三하니 地盤이 完하고 天盤 三數가 中宮에 入하여 逆布하니 离에 四、艮에 五、兌에 六、乾에 七、中宮에 八、巽에 九、震에 十、坤에 一 坎에 二하니 天盤의 布局이 完了되었다. 但 陰遁이나 陽遁에는 다 이와 같다. 그리 고 中宮에 九八은 隱伏이 되므로 假令 數로 記入한 것이요, 또는 三四를 먼저 써 있으므로 또 記入은 못한다. 이러한 順序만으로 推得하라.

出生日辰으로 爲主하니 午日에 出生하였으므로 日支宮인 离宮이 己身되니 世라 한다. 그러므로 八木이 兄 二七火가 子孫 五十土가 妻財 一六이 父母요 四九를 官鬼라 한다. 生死八門은 五子元法에 甲子戊가 艮에서 起하니 이 局이 陰遁이라 坤으로 하여 震으로 가 게 되니 艮宮에서 戊子 己丑 庚寅 三日을 留하고 坤宮에서 辛卯 壬辰 癸巳 三日을 留하고 震 宮에서 甲午乙未 丙申 三日을 留하는 데에 日辰 甲午에 該當하니 震을 生門이라 한다. 上篇 의 八門 起例를 보라.

生氣 福德인 八卦는 中宮으로 基準하여 付去하니 中宮이 四가 되므로 四五는 巽宮에 該當 되어 있다. 巽에서 一上生氣하면 坎宮이 生氣가 된다. 上篇에 生氣 付法 早見表를 보라.

六儀는 戊己庚辛壬癸요、三奇는 丁丙乙이다.

六儀三奇 붙이는 法은 霜降五局이니 五는 天地定位數에 中宮이니 中宮에서 甲子戊를 이렇

陰局이므로 逆數하니 中宮에 戊、巽에 己、震에 庚、坤에 辛、坎에 壬、离에 癸、艮에 丁、兌에 丙 乾에 乙하니 이것이 地盤六儀 三奇가 되고, 다음으로는 時干에서 붙여 나가니 時干己巳가 甲子旬에 있으므로 甲子旬中 戊가 旬將이 되고 또 時干은 己이니 戊字를 時干 己字上에 加하여 그 다음으로 順回하게 된다.

그런데 中宮에 있는 坤上 戊字를 巽上 己字上에 加하고 그 다음 离宮上 癸를 震宮으로 順回시킨 것이 로 出하였다 坤上 戊字를 巽上 己字上에 加하여 그 다음으로 順回하는 定例다. 이 局도 戊가 中宮에 있으므로 坤上으로 出하는 定例다.

다. 바로 이것이 天盤의 天干數라 한다.

歲宮이 午生이니 离宮에 午가 있으므로 午가 歲宮이요, 乾戊宮이 月宮이 되고 日이 午에 있으니 离가 日宮이요, 時가 巳에 있으니 巽이 時宮이 된다.

歲干이 戊年이니 地盤 戊가 歲干이므로 中宮 戊字가 歲干이요, 月干은 壬이니 坎上 壬이 月干이요, 日干이 甲이니 甲은 九宮法에 遁藏되므로 甲午旬將을 用하게 되어 甲午 辛이라. 坤宮에 있는 辛이 日干이 된다. 時干은 己字니 巽宮 己字가 時干이라 한다.

歲祿과 月日時의 祿이 있으니 上篇의 貴祿表를 보라.

驛馬 刦殺 天乙 貴人 官刦 居刦 等은 上篇에 記載되어 있으니 參考하라.

流年運은 每宮마다 있는 字數가 即 自己의 나이이다. 이 局은 世가 离宮에 있으니 陰局이므로 逆數하니 艮宮으로 온다. 艮上 數가 二이니 五歲요, 兌宮까지 离에서 보게 된다.

至하니 一이다.

이곳에 六歲가 되고 乾上에 至하니 十士라 十士는 不用하고 中宮 隱伏數를 用하니 中宮地盤數가 四이므로 隱伏數는 九가 되어 九를 用하니 乾上에서 十五歲요, 中宮에 至하면 十九歲요, 巽宮에 至하면 二十七歲요, 震宮에 至하면 三十四歲요, 坤宮에 至하면 四十歲요, 坎宮에 至하니 四十五가 되어 一局이 끝이 난 것이다.

다시 日辰天盤으로부터 또 計算하여 가니 天盤이 四字이므로 四十五歲에 四年을 加하니 四十九歲요, 이곳에서 順數로 計算하여 가면 坎上에 五十一歲요, 坤上에 五十二歲요, 震上에 至하여 또 十士를 逢하니 中宮天盤 三의 隱伏數를 用하게 되므로 八年을 計算하니 六十歲가 된다. 巽에 六十九歲, 中宮에 七十二歲, 乾宮에 七十九歲, 兌宮에 八十五歲, 艮宮에 九十歲가 되니 또 一局이 完了됨이라. 그러므로 人生의 壽命을 九十歲까지 算計한다.

그 外에 直符 九地 蓬星 貴人等 付法은 上篇에 例를 參考하라.

月破 歲破 養生等도 參考하라. 胞를 일으키는 法은 世宮에서 始作하여 가니 陰胞는 逆하고 陽胞는 順하라. 이 局은 三木이 世가 되므로 絶을 申宮에서 일으켜 順去한다.

一、解 說

日辰이 歲支와 同宮하였으므로 動하였다고 본다. 그리고 六儀三奇인 乙辛이 日干에 臨하였으나 日支에 福德 景門吉星이 臨하니 名振 四方하리라 한다。

官星이 動中하고 三四가 陰陽이 配合하니 克이 過甚하지 아니하므로 官祿을 得하게 된다

時干의 己土 子孫이 乘旺하니 多子의 象이라。五男 三女를 두었다。子孫宮位에 庚癸가 臨

하였으므로 子孫의 損失도 있었다。庚金이 殺이 된 原因이라 하겠다。

父母宮이 雙立 되어있으므로 日主가 休囚되었으나 長壽할 象이며 父母德도 있다。父母宮

이 游魂을 加하였으므로 父親이 一生에 出入이 頻繁하였다。그리고 父母가 居旺하니 晚侍하

겠다。

日辰이 弱하므로 祖業不守하고 日辰上下가 相剋하니 移祖他鄕하겠다。

壬水月干 兄弟가 旺하니 多兄弟하나 兄弟宮에 庚金이 加되었으므로 中道에 分散하게 된다。

心相은 土가 洩하므로 마음이 弱하여 남에게 好施하는 性質이 있다。

九月에 火가 無氣한 所以라 하겠다。財가 時令의 旺氣를 乘하였으나 傷門禍害 杜門生氣이

므로 虛費가 많고 또 興敗도 많다。

八月 十三日 午時生

壬 己 壬 丙
子 酉 寅 午

秩分　中元一局

干　九
支　三

辛金司令

```
         鬼日馬
         七五
       65 丙
       39 乙
          害驚

     時月
     支干
     十財
  50 二
  庚 45
  己   氣傷
    財
 ○○
 五七
76
28
戊丁體杜居
         尅

            月支
            官歳
            命景
          二十
        90 丁
         9 辛
     孫
     九
  85 三
  21
     癸
    時
    兄干
   六六
71
34
壬丙歸開

            歳
            日干
            夕
            宜休
         三九
       88 己
       18 壬

         歳支
         夕
         德生
      八四
   58 乙
   43 戊

     日
     世支
     官
  一二
  尅
46 辛
 1 庚
游死
```

丙午時의 旬將이 甲辰에
있으니 甲辰壬하여 壬이
丙上에 加하게 되니 時干
符頭法이라 한다.

斷에 이르되 世位가 水를 得하고 兼하여 辛金이 月令의 時氣를 乘하니 金이 動하여 水를 生하므로 日柱가 旺하니 壽源은 長久하리라 한다. 天罡의 五土가 對冲宮인 坤宮에 鬼를 對하고 月宮 官星이 絶命에 있으며 二七의 財星이 鬼를 生하니 鬼殺이 太甚하다. 그러므로 財가 禍를 致하게 된다. 이로 因하여 破家하게 되고 妻와 生離別을 하였다. 時期는 冠之 一二三歲頃이라 한다. 三五에서 至 三十九歲가 鬼宮에 入하게 되므로 病厄을 不免하였다. 中宮에 三木 子孫을 九金이 制克하므로 늦게 子孫을 두었다. 두게된 이유는 時干子孫이 盛旺한 所以라 하겠고 또는 兼旺되나 死地에 있으므로 半減되어 兄弟를 둔 것이다. 月干에 庚金이 加하였으므로 兄弟가 無緣하다. 그리고 一六이 日辰이 되므로 術士라 하겠다.

二、行年設局法

戊午九月十日巳時生乙巳年身數

癸辛乙乙
巳卯酉巳

干四　　　秋分下元四局
支入　　　生

○官　六七月　庚
　　　　　　癸氣

二十　　　八月　鬼
　　　　　　丁
七五　　　己體開

○財　　　孫
行運五七　刧伏
五月　　　乙｜月干
　　　　　辛壬　四八歲干
　　　　　害死

　　　　　日世　　父
　　　　　一一丁　壬｜土月
　　　　　己游傷　辛宜景
　　　　　　　　　三九日干

歲　財　　　八四　父
時十二丙戌　戊丙福杜
三月　命驚　九十月　鬼

　　　　　　　　　兄
　　　　　　　　　六六／庚癸歸休
四月　二月　　　時干｜十一月

289

當年 太歲와 生月 生日 生時 四條로 하여
甲 一 乙二 丙三 丁四 戊五 己六 庚七 辛八 壬九 癸十
子一 丑二 寅三 卯四 辰五 巳六 午七 未八 申九 酉十 戌十一 亥十二 하니
天干의 合數를 九로 除之하여 殘數로 天盤을 作하고 支地合數를 九로 除하여 殘數로 地盤을 作한다. 이 數를 中宮에 入시키어 布局한 것이다.

行年運宮法은 男女가 十歲에 兌에 至하여 男順女逆하니 生氣法과 같다. 하면 四十八歲가 兌에서 十、坎에 二十、震에 三十、离에 四十、坤에 四十一하여 离宮에 至하면 四十八歲가 되니 离宮이 行年運이라 한다.

洪局法의 月別을 가리키는 法은 子丑寅卯하여 順去하니 艮은 丑寅이므로 一月 十二月이요, 震은 卯니 二月이요, 巽은 辰巳니 三四月이요, 离는 午니 五月이요, 坤은 未申이니 六七月이요, 兌는 酉니 八月이요, 乾은 戌亥니 九月 十月이요, 坎은 子니 十一月이라 한다.

烟局法으로서 月別을 가리키는 法이 있으니 甲申旬中에 甲申庚이 日辰으로부터 일으키게 된다. 天地의 定位로서 甲子戊가 坎 日이라 하면, 辛卯日이 甲申旬中에 있으므로 甲申庚이라 한다. 가령 日辰이 辛卯 이곳이 甲申하여 巽宮에서 乙酉 中宮에 丙戌 乾宮에 丁亥 兌宮에 戊子 艮宮에 己丑 离宮에 庚寅하니 离宮이 寅月인 正月이 되고 坎宮이 二月 坤宮이 三月 震宮이 四月 巽宮이 五月 中宮이 六月 乾宮이 七月 兌宮이 八月 艮宮

290

이 九月 离宮이 十月 坎宮이 十一月 离宮이 十二月이라 한다.

그 外에 붙는 神殺法은 四柱에 適用하는 法과 同一하다.

三、行年吉凶論

行運이 財宮에 臨하였으니 吉하다 하겠으나 空亡이 되므로 財物을 得하나 損失하게 된다.

五七이 財宮이요、七五가 鬼宮이니 이것을 財生鬼이라 하므로 損財가 太多하다.

鬼가 土니 土姓도 不利하고 火生土하므로 火姓도 助鬼하니 다 不利하다.

子孫이 動中하여 財를 生하나 財가 空亡되므로 無力하다.

日辰 上下가 相比하니 同業하게 된다. 日干에 父母 文書가 臨하니 文書로서 得財할 수다.

日支가 游魂을 逢하였으니 移動 또는 出入이 頻頻한다.

一二三四月에는 財가 小吉하고 五六七八月에는 空地에 入하므로 財가 不聚하게 된다.

多節에 金水가 旺하다 하겠으나 別無 吉事하리라.

四、經驗論

洪局은 支數로 爲主하고 烟局은 干數로 爲主한다. 洪烟局의 八門 八卦의 動靜을 보아 吉凶을 斷定하라.

291

日辰으로 爲主하니 歲支는 天子요, 中局은 一局의 將이니 歲와 中宮이 日을 相生하면 고 相剋하면 凶하다.

六親이 이와 같이 相生되면 該當者가 吉하게 된다.

總空은 中宮이 受空함이니 一年이 財數가 없게된다. 그리고 假令 中宮數가 一이요, 坎宮이 空亡되면 天地의 定位에 坎은 一宮이니 이것도 總空이라 한다.

財가 日에 臨하고 日干에 坎하면 財數가 大吉하니 商業에도 大吉하다.

子孫에 日干이 臨하면 子孫의 慶事가 있고 生男의 數도 된다.

兄이 日干에 臨하면 因人被害하여 損財가 있다. 鬼가 日干에 臨하면 疾厄 또는 官災가 있고 또는 口舌도 있다.

官이 日干에 臨하면 官職을 得하고 名譽가 있다.

日辰이 一五요, 財宮도 一五면 財臨日이라하고 日辰에 壬癸가 있고 財宮에 壬癸가 이 宮에 加臨하여도 財臨日이라하여 大吉하다.

陽年 五十土는 巳午宮에 旺하니 亥子宮에는 弱하다. 陰年 戊土가 亥子宮에 旺하고 巳午宮에 弱하다 하니 有力 無力함을 參考하라.

庚을 男으로 보고 乙을 女子로 보니 乙庚이 있는 宮을 보아 相生되면 夫婦가 和合하고 相剋하면 不和한다. 그리고 相別하게 되기도 한다.

中宮이 産室이라 하므로 鬼가 加하여 있으면 無子하기도 하고 産厄도 있으며 失敗도 많다. 그러므로 子孫數에 不安이 있다. 庚金이 加되어도 同一하다. 中宮에 陽多하면 初生男하고 陰多하면 初生女한다. 中宮과 坤宮이 相關되어 있으니 中宮과 坤宮과 合하여 陽多한가 陰多한가를 보아 初生男女를 區分하라. 一은 陽이요, 二는 陰이고 甲도 陽이요, 乙도 陰이다. 이것을 보라. 遁甲한 사람은 變化와 才藝가 있다. 中宮이 一四요, 日辰이 六九면 이것이 相通되는 隱伏數니 遁甲數라 한다.

外卦 內卦가 있으니 坎宮으로부터 离宮까지가 內卦요, 坤宮부터 乾宮까지가 外卦라. 父母는 內卦에 있고 世는 外卦에 있으면 父母와 無緣하니 離祖 他鄕하고 或出係하기도 하며 祖業을 難守한다. 그리고 父母의 德도 없다.

世卦가 外宮에 있으면 平生에 客地生活하기도 하고 外國으로도 가게 된다. 年評에는 同業하게 되는 運이라 한다.

日辰 上下가 相比되면 六親中에 該當되는 者가 孤單하게 된다.

局內에 三 四處가 相冲 相剋되면 (一七二六 三九 八四 五十이 相冲이요, 一二 六七 九三 四八 三五 等이 相剋이라 하니 이와 같으면) 三四次 破家 또는 移舍한다. 天羅 地綱은 辰戌이니 日支나 日干이 巽宮에 있으며 歲月日時가 相冲하여도 역시 그러하다. 壬癸를 加하면 官灾가 重重하다. 水土庫는 辰인 연고이다. 年評에도 一年間 官厄이 있다.

丁에 乙을 加하면 吉하고、

辛이 乙을 加하면 虎狂이라 하고 乙加辛이면 合家逃走라하여 凶하다.

戊가 丙을 加하면 靑龍이 回首格이라 하니 君臣이 會坐라 하겠다. 日干에 加하면 貴人이 도와 주고 妻의 惠澤을 입고 子孫이면 子孫의 慶事가 있고 官이면 官事가 吉하다.

戊土가 震宮에 加되면 이르기를 愁向東이라 하니 愁心이 不絶된다. 六親間에 該當되는대로 이와 같다.

日支數가 自刑 元嗔이 되면 官厄이 있다.

坤兌乾方에 있으면 凶하다.

官鬼 死門 絶命인 七九를 除外하고 그 外는 七九라도 生하여 주게되면 吉하다. 丁이 加癸는 朱雀이 投江格이니 凶하다.

日辰이 乘旺 居旺하고 景門을 兼하면 婚慶의 事가 있고 人口를 進하게 된다.

日月上 七九가 中鬼를 助하면 下人의 모략을 當하게 된다.

歲가 中鬼를 助하고 歲七이 中宮에 動하면 매 맞아 죽는다고 한다.

游魂이 日辰이나 日干에 있으면 出入이 頻頻하다. 六親宮에 加되는대로 이와 同一하다. 日辰으로부터 日干이 養運에 있으면 自身이 出係하니 六親宮에 該當되는대로 이와 同一하다.

水土는 寅卯辰에 있으면 凶하고 三奇인 丁丙乙은

터 胞胎를 이렇게 胎宮에 一六의 子孫이 되면 外房의 子息을 두고 四九庚辛의 子孫이면 異腹 子息이 있고 兄弟면 異腹 兄弟요, 父母만 異父母라 한다.

日辰의 丁奇는 奇士요, 幻士요, 術士요, 醫師라 하고 一六도 同一하다.

四八十 月生人은 庚金이 加되어도 吉하다 하니 이는 天德이 된 所以라 하겠다.

行運이 子孫宮에 到하면 이 해에 子孫을 낳고 財宮이면 財를 得하고 官이 旺하면 官職을 得하고 鬼宮이면 疾病 或 官厄이 있고 父母면 文書를 받게 된다.

時干이 空亡되면 無子하게 된다.

日支가 七火요, 歲支가 八木인데 日支나 乙庚이 있으면 妻로 因하여 財를 得하거나 또는 妻를 得하게 된다. 이는 乙庚을 夫婦로 보는 所以라 하겠다.

日上 九金이 加되면 身上에 凶痕이 있게 되니 吉門卦면 흉터가 적고 凶門卦면 흉터가 크다 그런 中에 九九면 더 큰 흉터가 있게 된다. 日辰이 卯宮에 있으면 左爲東이니 왼편에 흉터가 있고 兌宮에 있으면 右爲西하니 오른편에 凶터가 있다.

性質은 局中의 七火로 보게 되니 七火가 旺하면 性質이 活潑하고 급한 편이며 弱하면 마음씨가 弱하고 유하다.

四柱中에서 流年을 計算하는데 可令坎一宮이 九年을 차지하였는데 九年間을 보려고 하면 甲子戊에 一年 甲戌己가 二年 甲申庚하여 이 法으로 推去하니 가령 四十一歲부터 四十九歲까

295

지 坎宮에 該當된다면 甲子戊 닿는 坎宮이 四十一歲 甲戌己 닿는 坤宮이 四十二歲 甲申庚 닿는 곳인 震宮이 四十三歲니 이 法으로 計算하면 乙丙丁까지 九年이 끝나게 되고 또 다른 宮에서 假令 五十부터 五十五까지 보려면 甲子戊 甲戌己하여 세어가다가 五年이 끝나면 또다시 딴 宮에서 이와같이 보게 되니 每宮마다 九十年을 順回하는 宮에 머무르고 있는 宮에서 몇살 때 몇살때를 計算하는 것이다. 假令 坎宮에 九歲가 該當하고 坤宮에 五年이 該當되면 이 두 宮에서 十四年을 보게 되니 이 十四年中에서도 年年히 分別하여 보는 법을 말한다.

上이 下를 克하면 凶하고 上이 下를 生하면 大吉하다.

296

新稿 洪烟眞訣精解

初版1刷 發行：1976年 9月 20日
初版2刷 發行：2011年 3月 20日
初版3刷 發行：2023年 2月 28日

編著者：金 于 齋
發行者：金 東 求

發行處：명문당(1923. 10. 1 창립)
서울시 종로구 윤보선길 61(안국동)
우체국 010579-01-000682
Tel 02)733-3039, 734-4798, 733-4748(영)
Fax 02)734-9209
Homepage : www.myungmundang.net
E-mail : mmdbook1@hanmail.net
등록 1977. 11. 19. 제1~148호

• 낙장 및 파본은 교환해 드립니다.
• 불허복제

값 25,000원
ISBN 978-89-7270-936-7 14150
ISBN 978-89-7270-056-8 (세트)

대학생 四柱學	姜泰成 著/신국판/값 3,500원
주역 이야기 (上·下)	朴永喆 著/값 각 3,500원
鄭道令	尹太鉉 著/신국판/값 3,900원
鄭鑑錄	金水山·李東民 編著/값 3,500원
鄭鑑錄 解說	朴僉知 著/신국판/값 4,500원
新 계룡산	송명호 著/신국판/값 3,500원
天氣漏泄	安重宣 著/신국판/값 7,000원

安龜의 얼굴사전	安泰榮 著/신국양장/값 15,000원
사랑의 人相學	고미야스스게 著/신국판/값 4,500원
人相경영학	鄭鉉祐 著/신국판/값 5,000원
神秘의 운명학	鄭鉉祐 著/신국판/값 7,000원
秘傳의 易學	鄭鉉祐 著/신국판/값 5,000원
사랑의 男女宮合	韓重洙 著/신국판/값 3,500원
家庭人相學	崔榮純 著/신국판/값 3,500원

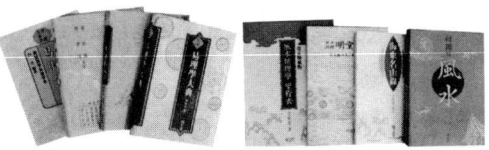

大運大易卦 易術全書	白珖 編著/값 20,000원
易理學大典	金政洙 著/4·6배판/값 50,000원
唐四柱要覽	金赫濟·韓重洙 共著/값 20,000원
一年身數秘訣	韓重洙 編著/값 15,000원
萬古秘傳 靈符籍大寶鑑	韓重洙 編著/값 35,000원
明堂全書	徐善繼·徐善述 著/韓松溪 譯/값 8,000원
韓國의 風水	村山智順 著/鄭鉉祐 譯/값 12,000원
風水地理學 里程表	金東奎 著/값 20,000원
海東名山錄	李學宣 編著/값 6,000원

운명과 지혜의 샘
萬方 生活易學全課
만방생활역학전과
韓重洙·柳方鉉 共著

제1편 기초 익히기	제8편 집과 산소
제2편 보기 쉬운 사주	제9편 쉬운 꿈풀이(解夢)
제3편 사주학 바른 공부	제10편 현대성명학(現代姓名學)
제4편 애정의 남녀궁합(男女宮合)	제11편 상법(相法)(관상)
제5편 쉽게 보는 주역점	제12편 부적 전본과 사용법
제6편 신비(神秘)의 육효점(六爻占)	부 록 생일간지(生日干支) 일람표
제7편 이사와 각 택일	

- 주역비전 백운곡 編著/신국판
- 人生 60진 秘法 백운곡 編著/신국판
- 주역신단 백운곡 著/4·6배판
- 토정비법 백운곡 編著/신국판

영웅들의 운명과 천기
易理로 본 小說 三國志

『삼국지』와 『주역』을
동시에 읽는다
삶의 지혜와 계획을
이 책 속에서 구하라

백운곡 著/신국판/전3권

明文 萬歲曆 시리즈

- 天文 萬歲曆　韓重洙 編著　값 15,000원
- 正本 萬歲曆　金于齋 編　값 10,000원
- 對照 萬歲曆　韓重洙 編著　값 16,000원
- 正統 萬歲曆　金于齋 編　값 20,000원
- 太陰 萬歲曆　曺誠佑 編著　값 7,000원
- 手帖 陰陽 萬歲曆　金于齋 編著　값 6,000원
- 手帖 天文 萬歲曆　韓重洙 編著　값 7,000원
- 한국천문대 만세력　한국천문연구원 편찬　값 15,000원
- 수첩 한국천문대 만세력　한국천문연구원 편찬　값 8,000원

明文運命學叢書

- 增補 天機大要　金赫濟 校閱
- 易學大辭典　曺誠佑・韓重洙 共著
- 一年身數秘訣　金赫濟 編著
- 姓名學　南水源 著
- 萬古秘傳 靈符作大典　韓重洙 著
- 萬古秘傳 靈符籍大寶鑑　韓重洙 著
- 觀相寶鑑　佐藤六龍 著　李仁光 譯
- 原本秘傳 그림 唐四柱　金于齋 編
- 秘傳 唐四柱要覽　金赫濟・韓重洙 共著
- 原本秘傳 唐四柱要覽大典　金赫濟・韓重洙 共著
- 風水地理 萬山圖　金榮昭 著
- 懷中 易術全書　韓重洙 編著
- 懸吐註解 麻衣相法　金赫濟 校閱
- 姓名判斷法　金栢滿 著
- 奇門遁甲秘經　吳澤鎭 編著
- 印章과 姓名學　崔允碩 著
- 大運大易卦 易術全書　白珖 編著
- 易理學大典　金政洙 著
- 大運大易卦 一年身數秘訣　韓重洙 編著
- 風水地理學 里程表　金東奎 著
- 韓國의 風水　村山智順 著　鄭鋐祐 譯
- 朝鮮의 占卜과 豫言　村山智順 著　鄭鋐祐 譯
- 海東名山錄　李學宣 編著
- 萬方秘訣 易術全書　韓重洙 編著
- 알기쉬운 擇日全書　韓重洙 著
- 易占六爻全書　韓重洙 編著
- 四柱詳解 紫微斗數　韓重洙 著
- 萬古秘傳 靈符作大典　韓重洙 著
- 秘傳 唐四柱要覽　金赫濟・韓重洙 共著
- 增補版 唐書周易　韓重洙 編著
- 懷中 易術全書　韓重洙 編著
- 大運大易卦 一年身數秘訣　韓重洙 編著
- 術法과 耳報通靈　韓重洙 編著
- 新完譯 靑烏經　韓重洙 譯
- 不老長生秘傳 仙道　韓重洙 譯著

明文易學叢書

1) (秘傳)**姓名大典** 曺鳳佑 著 값 15,000원
2) **奇學精說** 李奇穆 著 값 12,000원
3) (修正增補)알기쉬운 **擇日全書** 韓重洙 著 값 12,000원
4) (玉衡)**韓國地理總攬** 池昌龍 著 값 10,000원
5) (風水地理)**明堂全書**(特別版)徐善繼·徐善述 著 韓松溪 譯 값 8,000원
6) **姓名學精說** 黃國書 著 값 15,000원
7) (秘傳)**四柱大典** 金于齋·柳在鶴 編譯 값 15,000원
8) **窮通寶鑑精解** 崔鳳秀·權伯哲 講述 값 25,000원
9) **陰陽五行의 槪論** 申天浩 編著 값 15,000원
10) (增補)**淵海子平精解** 沈載烈 講述 값 25,000원
11) **命理正宗精解** 沈載烈 講解 값 25,000원
12) **四柱와 姓名學** 金于齋 著 값 15,000원
13) **方位學入門** 全泰樹 編譯 값 8,000원
14) **姓名學全書** 朴眞永 編著 값 15,000원
15) (알기쉬운)**易數秘說** 沈鍾哲 編著 값 6,000원
16) (命理叢書)**三命通會** 朴一宇 編著 값 30,000원
17) (地理)**八十八向眞訣** 金明濟 著 값 15,000원
18) **奇門遁甲** 申秉三 著 값 6,000원
19) (正統秘傳)**四柱寶鑑** 金栢滿 著 값 15,000원
20) **擇日大要** 高光震 著 값 12,000원
21) (地理明鑑)**陰宅要訣全書** 金榮昭 譯編 값 15,000원
22) (詳解)**手相大典** 曺誠佑 著 값 9,000원
23) **命理精說** 李俊雨 編著 값 25,000원
24) **易占六爻全書** 韓重洙 編著 값 20,000원
25) **現代四柱推命學** 曺誠佑 編著 값 15,000원
26) (陰宅明鑑)**青松地理便覽** 金榮昭 編 값 7,000원
27) **六壬精斷** 李在南 著 값 20,000원
28) **六壬精義** 張泰相 編著 값 15,000원
29) (自解秘傳)**四柱大觀** 金于齋 著 값 6,500원
30) (秘傳詳解)**相法全書** 曺誠佑 編著 값 9,000원
31) (地理)**羅經透解** 金東奎 譯著 값 6,000원
32) (四柱秘傳)**滴天髓** 金東奎 譯 값 15,000원
33) **滴天髓精解** 金于齋 譯編 값 15,000원
34) (新橋)**洪煙眞訣精解** 金于齋 編著 값 15,000원
35) **卜筮正宗精解** 金于齋·沈載烈 共著 값 12,000원
36) (風水地理)**九星正變穴格歌** 金東奎 編著 값 30,000원
37) (自解秘傳)**觀相大典** 曺誠佑 著 값 15,000원
38) (自解秘傳)**萬方吉凶寶典** 金于齋·李相哲 共著 값 15,000원
39) **九星學(氣學)入門** 金明濟 著 값 10,000원
40) (陰宅明鑑)**地理十訣** 金榮昭 編譯 값 8,000원
41) (完譯)**麻衣相法**(全) 曺誠佑 譯 값 20,000원
42) **易理學寶鑑** 韓宗秀 外 編 값 6,000원
43) **象理哲學** 趙明彦 著 값 9,000원
44) **易學原理와 命理講義** 曺誠佑 著 값 9,000원
45) (的中)**周易身數秘傳** 許充 著 값 30,000원
46) (自解)**八字大典** 金于齋 著 값 7,000원
47) **人生三八四爻** 이해수 編著 값 5,000원
48) (四柱秘傳)**紫微斗數精解** 金于齋 著 값 7,000원
49) **姓名大學** 蔡洙岩 編著 값 10,000원
50) (風水地理學)**人子須知** 金富根 監修 金東圭 譯 값 35,000원
51) (傳統)**風水地理** 林鶴燮 編著 값 12,000원
52) **周易作名法** 李尙昱 著 값 12,000원
53) **九宮秘訣** 金星旭 編著 값 20,000원
54) **占卜術入門** 全泰樹 編譯 값 7,000원
55) **命理學原論** 李相奎 著 값 10,000원
56) **四柱運命學의 精說** 金讚東 著 값 15,000원
57) **陽宅秘訣** 金甲千 著 값 25,000원
58) **戊己解** 金明濟 著 값 15,000원
59) **新命理學** 安成雄 著 값 10,000원
60) **里程標 經般圖解** 金東奎 編 값 20,000원
61) (四柱詳解)**紫微斗數** 韓重洙 著 값 10,000원
62) **滴天髓闡微** 金東奎 譯 값 35,000원
63) **택일은 동양철학의 꽃이다**(協紀辨方) 값 30,000원
64) (秘傳)**風水地理全書** 金甲千 編著 값 35,000원
65) **命理正解 와 問答** 崔志山 著 값 20,000원
66) **卜筮正宗解說** 金東奎 譯著 값 30,000원
67) (風水地理學)**人子須知(前)** 金富根 監修 金東圭 譯 값 50,000원
68) (風水地理學)**人子須知(後)** 金富根 監修 金東圭 譯 값 50,000원